KB276060

재강이의 좌충우돌
한국사 달통기 ②

재강이의 좌충우돌 한국사 달통기 ②

이광희 · 이재강 글 | 정현희 그림

| 등장 인물 |

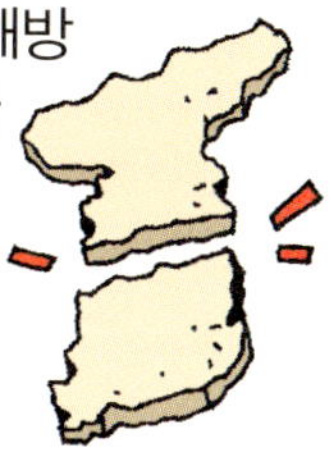

1. 위화도 회군과 선죽교 피살

자, 오늘은 고려에서 조선으로 넘어가는 역사적인 사건에 대해서 이야기해 볼까?

그러잖아도 저도 엄청 궁금했어요. 이성계 할아버지가 어떻게 고려를 뒤엎고 조선을 세웠는지.

그랬구나. 그럼 1권 마지막에서 고려 공민왕이 원나라에 반대하며 개혁 정치를 펼쳤던 거 기억나니?

당연히, 다 까먹었죠. 헤헤.

뭐가 당연히 까먹어, 당연히 기억하고 있어야지.
좋아. 핵심만 다시 말해 줄게. 공민왕이 반원 정치를 펼쳐 원나라가 다스리던 철령 이북 지역, 즉 함경도 일부 지역을 고려 영토로 만들었다는 거 기억할 거야.
그런데 고려 말기에 중국 대륙에서 일어난 명나라가 원나라를 북쪽으로 밀어내고는 고려에 이런 요구를 했어.
그러자 우왕은 우왕좌왕 하다가 최영의 손을 들어 줬지.
요동을 정벌하기로 결정한 거야. 때는 1388년 봄.

위화도 회군이 무슨 말이에요?

 그래서요? 요동 정벌은 성공했나요?

아니. 성공은커녕 공격 한 번 못 해보고 끝났어.

왜요? 요동을 정벌하기로 결정이 났다면서요?

그랬지. 그런데 요동 정벌 계획은 시작부터 삐걱거렸어. 요동 정벌 결정이 내려지자 이성계는 우왕 앞에 나가 네 가지 이유 때문에 불가하다고 말했어. 첫째, 작은 나라가 큰 나라를 치는 게 불가하고, 둘째, 농사철이라 군사 징발이 어려워 불가하고, 셋째, 나라를 비우면 왜구들 쳐들어올 수 있으니 불가하고, 넷째, 장마철이라 활과 무

기가 녹슬고, 전염병이 돌 염려가 있어서 불가하다고 말이야. 이것이 그 유명한 4불가론이란다.

이성계는 논술을 어디서 배웠길래 논리가 그렇게 정연해요?

논리가 정연하면 뭐하니, 왕의 명령인데, 가라면 가야지. 그래 이성계는 군대를 이끌고 요동 정벌에 나섰는데, 압록강 한 가운데 위화도에 도착하는 데 19일 정도 걸렸다고 해. 그런데 이성계는 얼마 뒤 군대를 이끌고 개경으로 돌아가기로 결심했어.

군대를 돌리면 요동은 누가 정벌해요?

요동 정벌이고 뭐고 원래부터 갈 마음이 없던 터에 장맛비까지 내리자 이성계는 에이, 차라리 돌아가서 나를 여기로 보낸 무리를 쳐 없애면 되지, 하고 생각했던 거야. 그래서 왕에게 메신저를 보냈지. 우리는 돌아간다, 오버!

우왕과 최영 장군 참 심란하셨겠네요. 싸우다 패해서 돌아오는 것도 아니고 싸워 보지도 않고 돌아오겠다고 했으니까.

심란한 정도가 아니라 황당하고, 분노가 치밀고, 불안하고 초조했을 거야. 이성계가 돌아온다는 건 곧 반역을 의미하는 거였으니까.

뭘 그렇게 불안해 하고 그래요? 반란군을 진압하면 되지.

알짜 부대를 이성계한테 다 줘 보냈는데, 어떻게 불안하지 않을 수 있겠니. 아무튼 이성계는 군대를 이끌고 9일 만에 개경에 돌아왔어. 이것이 그 유명한 위화도 회군이라는 건데, 갈 때는 거북이 모

드, 올 때는 산토끼 모드로 빨리 돌아 왔지. 위화도에서 회군한 이
성계는 최영을 제압하고 쿠데타에 성공했단다. 그 후 우왕은 귀양
보냈다가 죽이고, 최영도 유배 보냈다가 결국 죽였어.

아, 최영 장군 불쌍해요. 황금 보기를 돌 같이 하라는 최영 장
군님 말씀 때문에 제가 엄청 존경하는 장군인데.

그 말은 최영 장군이 한 말이 아니라, 최영 장군 아버지가 한 말이
라고 아빠랑 박은봉 선생님이 같이 쓴 『한국사 상식 바로잡기』에서
바로 잡았잖니. 도대체 너는 아빠 책을 읽은 거니, 안 읽은 거니?

아, 죄송해요. 다시 읽어 볼게요.

위화도 회군에 성공한 이성계는 고려의 실권을 손에 꽉 틀어쥐게
되었어. 위화도 회군에 성공한 이성계는 새 나라로 가는 가장 결정
적이고도 중요한 한 고비를 넘은 거야. 이제 마지막 고비만 넘으면
고려가 이성계의 것이 되는 거였단다.

이방원은 왜 정몽주를 죽였어요?

이성계가 군사 쿠데타에 성공하자, 이제부터 고려를 어떻게
개혁하느냐는 문제를 놓고 다시 두 파로 나뉘었어.

헤헤. 또 두 파예요? 양파나 대파가 아니고?

농담 그만하고. 이성계와 정도전을 중심으로 하는 강경파는 아예 다 갈아엎고 새 나라를 세우자고 주장했어. 새 술은 새 부대에! 이렇게 말이야. 정몽주는 고려라는 틀 속에서 천천히 개혁을 하자는 쪽이었고. 재강이 너라면 어떤 선택을 했을 거 같니?

글쎄요, 제가 이씨라 그런지 왠지 이성계 아저씨 생각이 맞는 거 같은데요.

역사적인 판단을 하는데 같은 성씨가 뭐가 중요해. 자기의 신념대로 판단해야지. 아무튼 위화도 회군 이후 실권을 쥔 이성계와 정도전, 조준 측은 과전법이라는 토지 개혁 프로그램을 실시해 백성들 세금을 10분의 1로 통일시켜 주어 백성들한테 인기를 얻었단다. 그러면서 우리와 함께 뜻을 같이 하자고 정몽주를 압박해나갔어. 그런데 정몽주가 워낙 강하게 거부하는 바람에 뜻대로 되지 않았단다. 정몽주 알지? 절개와 충신의 대명사.

알죠. 정몽주가 이성계와 뜻을 같이 하지 않자, 이성계의 아들 이방원이 정몽주를 찾아가 시를 지었잖아요. 이런들 어떠하리 저런들 어떠하리 우리 같이 손잡고 짝짝쿵 잘 살아보세, 하고 시를 읊으니까 정몽주가 이 몸이 죽고 죽어 일백 번 고쳐 죽어도 너희랑은 절대로 같이 안 논다, 이렇게 답시를 읊었죠?

그렇지. 정몽주의 시를 듣고 그의 마음을 돌리기가 어렵다는 걸 안 이방원은 부하 조영규를 시켜 정몽주를 죽였지. 선지교 위에서 말이야. 그때가 1392년이던가…….

아싸! 아빠 틀렸어요. **선지교**가 아니라 **선죽교**라고요.

이재강! 너는 아빠가 틀리는 게 그렇게 신나? 그리고, 아빠 안 틀렸거든. 원래 선지교였거든. 그런데 정몽주가 죽고 나서 그곳에 대나무가 하나 자라기 시작해서 선죽교로 이름이 바뀐 거거든!

애한테 왜 소리를 지르고 그래요? 차근차근 얘기해도 다 알아들을 텐데. 제가 설명해 볼게요. 재강아, 들어보련? 정몽주가 죽자 정도전과 조준 등 이성계 측근들이 이성계에게 찾아가 왕이 되어 달라고 요청했단다. 그러자 이성계는 몇 번 거절하는 척 하다가 받아들였단다. 이렇게 해서 태조 왕건 이래 475년의 역사를 이어 온 고려는 막을 내리고 새 나라 조선이 시작된 거란다. 어때, 재강아, 엄마가 설명 더 잘 하지 않니? 엄마랑 역사 대화하지 않을래?

그건 곤란해요. 남자가 지조가 있어야죠. 정몽주처럼. 남자는 지조, 여자는 배짱이란 말도 있잖아요.

아들, 눈물 나게 고맙긴 한데, 바뀌었다. 남자는 **배짱,** 여자는 **지조.**

2. 찰떡궁합 세종과 장영실

아빠, 밀본이 진짜 있었어요?

밀본? 아, 역사드라마 〈뿌리 깊은 나무〉에 나왔던 거?
아니, 없었어. 드라마의 재미를 위해 그런 장치를 만든 거야.
정도전이 이성계를 도와 조선을 건국할 때 사대부들의
힘으로 나라를 이끌어가는 시스템을 만들려고 했다는.

조선 시대는 왕이 최고인 줄 알았는데,
사대부들이 왕을 좌지우지 하다니, 이해가 안돼요.

조선은 군약신강, 즉 임금은 약하고 신하는
강한 나라라는 말이 있어. 그만큼 신하들의 힘이
셌다는 거지. 하지만 세종은 백성을 위해서라면
신하들의 반대를 기꺼이 무릅쓰고 일을 밀어붙였어.
한글을 만들 때도 그랬고, 노비 출신 장영실에게
높은 벼슬을 내릴 때도 그랬지.

장영실이라면 조선의 최고 장인이자 공학자?

맞아. 세종 시대 과학 기술의 꽃을 피우는 데
무척 큰 공을 세운 공학자. 오늘은 세종과 환상의
콤비를 이뤘던 장영실에 대해 얘기해 볼까 해.

해시계, 물시계……,
장영실이라면 제가 좀 알죠.

잘 안다고?
그럼 오랜만에 돌발 역사 퀴즈 한번 해볼까?

장영실의 신분은 무엇이었을까요?

좋아. 찬스 쓰고 싶을 때는 찬스 써도 돼. 자, 시작한다. 1번 문제. 장영실은 중국에서 귀화한 아버지와 관가 기생출신 어머니 사이에서 태어나 동래현 관청 노비였어. 그러다 그의 손재주가 워낙 뛰어나서 동래 현감에게 알려지고 한양의 궁중 기술자로 발탁됐다고 해. 과학 재능이 뛰어난 장영실은 세종의 눈에 띄어 중국으로 유학을 다녀오는 행운을 얻게 되는데,

1. 세종은 장영실에게 주로 어떤 걸 배워 오라고 했을까요?

① 최종병기 활 제조법　② 물대포 제조법

③ 컴퓨터 프로그래밍　④ 천문 관측기구와 시계 연구

이번 문제도 쉽네요. 4번입니다. 장영실이 주로 만든 게 물시계, 해시계 뭐 이런 거랑 별 보는 기구 같은 거였잖아요.

대단한데! 이렇게 쉬운 문제를 실수도 안하고 맞히다니. 다음 문제입니다. 중국에서 천체 관측기구와 물시계 등을 연구하고 돌아온 장영실은 각종 천문 관측 도구와 시계 따위의 기구를 발명하는데, 장영실이 만든 발명품 가운데 청동으로 만든 솥 모양의 반원형에 침을 세워 그림자로 시간을 측정할 수 있게 만든 공중 해시계가 있었죠.

2. 장영실이 만든 공중 해시계의 이름은 무엇일까요?

① 최일구　② 박일구　③ 앙부일구　④ 김일구

야호! 이 문제도 누워서 헤엄치기네요. 정답은 앙부일구입니다. 맞죠? 지난번에 박물관 견학 갔을 때 봤거든요. 헤헤.

맞아. 앙부일구는 공중 해시계로, 종묘 남쪽에 설치해 놓고 오가는 사람이 볼 수 있게 했다고 해. 앙부일구는 '하늘로 향한 솥뚜껑 모양의 해시계'란 뜻이야. 자, 그렇다면 해가 뜨지 않는 날이나 비오는 날은 어떻게 했을까? 그림자가 없으니 앙부일구로는 시간을 알 수 없었겠지. 계속해서 문제 나간다. 세종의 명에 따라 1434년 장영실과 김빈이 합작해 만든 자동 물시계로 물 항아리에서 흘러나온

물이 구슬을 움직이게 해, 종과 북, 징을 쳐서 시간을 알려 주었던 자동 물시계가 있었는데요.

3. 자동 물시계의 이름은 무엇일까요?

①자격루 ②진짜루 ③광한루 ④짜짜루

이거 뭐 오늘은 갈수록 문제가 쉬워지는 것 같네요. 정답. 1번입니다. 맞았어. 자격루는 세종이 기획한 야심작인데, 중국과 아라비아의 시계를 연구해서 만든 최첨단 자동 물시계야. 장영실 덕분에 조선도 비로소 자동 물시계를 보유하게 되었지. 지금 덕수궁에 물시계가 있는데, 물 항아리만 있고 시간을 알려 주는 장치는 없단다. 아무튼 장영실은 자격루를 만들어 세종을 기쁘게 해주었고, 세종은 장영실에게 대호군이란 벼슬을 내려 주었지. 장영실은 이에 대한 보답으로 혼천의와 자격루를 합쳐 놓은 옥루라는 자동 물시계를 또 만들었고, 그야말로 환상의 콤비였다고나 할까.

 저랑 아빠도 역사 대화에 있어서 한 쌍의 콤비잖아요.

장영실은 왜 파면됐나요?

그래 맞다. 자, 다음 문제 나간다. 장영실은 강우량을 재는 이것을 만듭니다. 1441년, 서양보다 200년이나 앞서 만들었다는데요.

4. 강우량을 재는 이 기구의 이름을 무엇일까요?

① 풍향계 ② 수표 ③ 측우기 ④ 측량기

문제가 너무 쉬워요. 정답은 3번, 측우기입니다.

맞았어, 측우기. 조선 시대는 농사가 아주 중요한 산업이었어. 그래서 비가 언제 얼마나 오는지를 데이터로 만들어서 농사에 활용하는 게 중요했어. 그럴 때 측우기는 강우량 데이터를 만들어내는 데 아주 요긴하게 쓰였지. 측우기 제작 이후에 장영실을 상호군으로 승진시킨 것도 그 때문이야. 오늘의 마지막 문제. 이번 문제만 맞히면 모든 상품을 얻게 됨과 동시에 설거지와 청소를 아빠한테 떠넘길 수 있는 상을 받게 됩니다. 단, 틀리면 지금까지 확보한 책과 영화 관람권은 수포로 돌아가고, 하던 대로 청소와 설거지도 계속하게 됩니다. 문제 받겠습니까?

당연히 받아야죠. 어차피 도 아니면 모인걸요.

흐흐. 좋았어. 마지막 문제입니다. 장영실이 천문 관측기구와 자동 물시계, 해시계 등을 만들 수 있었던 데에는 천문에 관한 과학 이론을 제공한 학자가 있었기 때문에 가능했습니다. 세종 시대 뛰어난 수학자이자 천문학자로 천문대의 관측 책임자로 일했으며 장영실이 천문 기기를 만드는데 핵심 이론을 제공한 학자가 있었는데요.

5. 장영실이 천문 기기를 만드는데 도움을 준 학자는 누구일까요?

① 이순지 ② 신숙주 ③ 박팽년 ④ 성삼문

내 이럴줄 알았어요. 이건 장영실 관련 지식 검색어에도 안 나오는 문제잖아요. 치사해요.

왜 안 나와. 얼마나 중요한 인물인데. 찬스 쓰고 싶을 때는 찬스 써요. 할아버지 할머니도 찬스 써요, 우후~.

좋아요. 찬스 쓸게요. 엄마한테 전화할래요.……………………

자, 정답을 알았으면 말씀해 주시죠.

성삼문입니다. 맞죠?

네, 정확하게 틀렸습니다. 정답은 이순지입니다. 조선 최고의 수학

자이자 천문학자. 이로써 이제까지 득템(원하는 걸 저렴하게 얻는 것)했던 것들은 모두 토해내고 원래대로 청소와 설거지 하시게 되겠습니다.

아, 분해요. 거의 다 맞혔는데. 이건 음모예요. 마지막엔 맞히기 어려운 문제를 내서 전세를 뒤엎어 버리는.

아니지. 찬스를 잘 썼으면 성공했겠지. 엄마는 네 편 같은데 가만 보면 아빠 편이란 말이야. 쌩유, 여보~.

3. 수양 대군과 사육신의 한판 승부

요즘 재미있게 보는 드라마 있니?

네, 있어요. 어린 조카를 쫓아내고
왕이 되려는 수양 대군 이야기요.

그렇다면 오늘은 수양 대군과
사육신이야기를 해보도록 할까?

오늘은 왠지 드라마보다 더 재미있는 대화가
될 것 같은 예감이 제 머리를 강하게 때리는데요.

그래? 그렇다면 천천히 이야기를 풀어 보자.
세종이 살아 있을 때 조선은 아주 잘 나갔단다. 한글 창제하고,
김종서와 최윤덕을 시켜 백두산과 두만강 유역에 4군 6진을
개척해 오늘날과 거의 비슷한 영토를 만들고, 장영실이
과학 발명품을 뚝딱뚝딱 만들어대고, 음악도 발달, 왕권 안정,
학문의 발달, 일일이 말하려니 숨 가쁘네. 헉헉.

4군
6진
온성
종성
경원
회령
경흥
부령
우예 여연
자성 무창
오우씨!! 태평성대!
집현전

계유정란이 무슨 뜻이에요?

수양 대군 이야기하는데 웬 세종 이야기예요?

수양 대군 이야기가 세종 시대 다음에 펼쳐지니까. 수양 대군은 세종의 둘째 아들이었는데, 어려서부터 수양을 잘 닦아서 그런지 학문과 무예가 뛰어났고, 야심도 컸다고 해. 왕이 될 재목이라고 할까? 그런데 왕은 형인 문종이 됐어. 장남이 왕이 되는 게 당연했지. 하지만 수양 대군은 당연하다고 생각하지 않았던 거 같아. 할아버지 태종은 다섯째인데도 왕이 되었고, 아버지 세종은 셋째인데도 왕이 되었으니까. 자기라고 왕이 되지 말란 법이 어딨어, 하고 생각했던 거 같아.

비극의 싹이 거기서 틔기 시작한 거군요.

맞아. 세종이 죽고 문종이 왕 됐는데, 세종 밑에서 30년 정도 왕세자로 있던 문종은 정작 왕이 되고는 2년밖에 못 살았어. 그래서 문종의 어린 아들이 왕이 되었단다. 문종은 죽기 전에 황보인과 김종서에게 어린 단종을 잘 보필해 달라는 유언을 남겼어. 아들에게는 삼촌을 조심하라는 메시지를 전했고.

삼촌을 조심하라고요? 삼촌이 잡아먹기라도 한대요?

문종은 동생인 수양 대군의 야심이 걱정됐던 거겠지. 그런데 우려가 현실로 나타났어. 김종서와 황보인이 정치를 좌지우지 하자, 세종 때까지 이어졌던 왕과 신하들의 균형이 깨졌어. 신하들의 힘이 세져서 왕권이 약해진 거지. 수양 대군은 이 점을 몹시 불만스러워 했어. 수양 대군이 그런 불만을 가지고 있다는 걸 진작부터 알고 있던 김종서도 수양 대군을 경계 대상 1호로 삼았지. 두 세력이 맞붙는 건 이제 시간문제.

저도 알아요. 수양 대군이 심복을 데리고 가서 김종서를 죽였죠?

그렇단다. 수양 대군이 김종서를 죽이고, 심복인 한명회가 대궐 문에 지키고 섰다가 죽일 사람, 살릴 사람의 이름이 있는 살생부를 가지고 있다가 김종서와 황보인의 신하들을 다 죽였지. 이 난리가 1453년 일어난 계유정난이란다. 계유년에 일어난 정치적 사건이란 뜻이지.

사육신은 왜 수양 대군을 반대한 거예요?

결국 수양 대군의 승리로 끝났군요. 그 다음에 수양 대군이 왕이 되는 건가요?

아니. 계유정난 이후 2년 동안 수양 대군이 정권을 장악하고 정치를 했어. 왕이 안 됐을 뿐이지 거의 왕이나 다름없었지. 언제 왕이 되느냐만 남겨 놓은 상황이라고 할까?

이건 뭐, 완전 삼촌의 난이네요. 그래서 수양 대군은 언제 왕이 되죠?

2년 뒤 단종은 왕의 자리를 삼촌에게 넘겨. 넘겼다기 보다는 빼앗겼다는 표현이 정확할지 모르겠구나. 이로써 수양 대군은 조선 제7대 임금인 세조가 됐단다.

아, 그렇구나. 오늘 대화 끝났으면 저 이제 드라마 보러 가도 되죠?

가긴 어딜 가. 이야기는 이제부턴데.

이제부터라고요?

그래. 세조가 어린 조카를 몰아내고 왕이 되자 이건 옳지 않다고 생각한 신하들이 있었어. 대표적인 신하가 성삼문이야. 성삼문은 박팽년, 이개, 유응부 등과 함께 세조를 제거하고 단종을 다시 왕위에 올리려는 계획을 짰어. 숨 막히는 단종 복위 사건은 재미있는 만화로 감상해 보자.

단종 복위 사건의 전말

기회는 찬스!
명나라 사신 환영 잔치 때
세조와 한명회를
제거합시다.
제가 왕을 경호하는
별운검이니
문제없습니다.
성상문과 그 동지들이
나리와 세조를 죽이려고
합니다.
이자들이!
다 죽었어.
이번 잔치에
별운검은 두지
않기로 했소.
여우같은 놈.
다음 때를
기다립시다.
안 됩니다.
늦추면
다칩니다.
체포되는 성상문과 동지들…
아, 원통하다.
그때 계획을
실행에 옮겼어야
하는데.

세종과 세조, 종과 조는 어떻게 달라요?

이리하야 성상문과 박팽년 등이 주도한 단종 복위 운동은 실패로 끝나고 말았어. 세조 2년에 벌어진 이 사건으로 또 한 차례 피바람이 불었지. 모의에 참여했던 성삼문, 박팽년, 하위지, 이개, 유응부, 유성원이 죽음을 당했는데, 이 신하들을 사육신이라고 불러. 단종은 강원도 영월로 유배를 가서 사약을 받고 죽었지.

세조는 그 많은 신하들을 죽여 놓고 정치는 잘 했나요?

잘했다, 못했다 단정적으로 얘기하긴 곤란하고, 한 가지 분명한 건 왕권을 강화하는 정책을 폈다는 사실이야. 가령 오늘날 주민등록증 같은 호패법 등을 정비해 세금을 더 많이 거둬들이고, 퇴직한 신하에게 지급하던 수조권(토지에서 세금을 거둬 가지게 하는 권리)을 현직에 있는 관리에게만 지급하도록 함으로써 차츰 왕권을 강화시켜 나갔단다.

아빠, 정말 궁금한 게 있는데요, 같은 임금인데 왜 세조는 조이고, 세종은 종이에요?

아, 그거? 흔히 '조'는 맏아들에게만 붙이는 거라고 알려져 있는데, 사실과 달라. 중국의 예를 따라 공이 있는 자는 조를, 덕이 있는 자는 종을 붙이는 거야. 헷갈린다고? 외울 필요까진 없지만 '공조 덕종' 이렇게 알아 두면 좀 쉽지 않을까?

그럼 광해군이나 연산군은 어떻게 된 거예요?

왕위에 올랐다가 쫓겨나면 군을 붙였어. 그래서 오늘날까지도 광해군, 연산군으로 남았지. 하지만 오늘의 주인공이었던 단종은 노산군으로 불리다가 죽은 지 약 2백 년 뒤에 단종이라 불리게 됐어. 작은아버지에게 강제로 쫓겨난 걸 참작해서 그런 게 아닐까?

4. 훈구파는 왜 조광조를 죽였을까?

오늘은 사화에 대해서 이야기를 해 볼까 하는데.

사화가 무슨 뜻인데요?

선비(士)들이 화(禍)를 입었다는 뜻이야.

화가 좋은 옷인가 보죠? 선비들이 입은 걸 보면.

옷이 아니라 화를 당했다고 할 때의 그 화야.
한 마디로 난리를 당했다는. 사화 이야기를 하려면 먼저
훈구파 이야기를 해야 해. 세조가 어린 조카 단종을 몰아내고
왕이 될 때 한명회처럼 큰 공을 세운 사람들이 있었어.
이 사람들을 공이 있다 해서 공신이라 불리지.
다른 말로 훈구파라고도 해. 사림파는 어떤 사람들이냐 하면,
지방에 근거지를 두고 유학을 닦던 선비들을 말해.
이 두 파가 싸우다가 사림파가 깨진 걸 사화라고 해.

그러니까 세조 때 공을 세운 훈구파와 지방에서
유학을 닦던 선비들이 한판 붙어서 사림파가 깨졌다,
이게 사화다, 이런 거죠? 그런데 두 파는 왜 싸운 거예요?

훈구파와 사림파는 왜 싸웠어요?

강력한 권력을 휘두르던 세조가 죽자 지방의 사림파 선비들이 정치계로 많이 진출하기 시작했어. 사림파는 젊고 개혁적인 성향이 강했어. 그래서 공을 세웠다고 우쭐대고 더 많은 권력과 부를 차지하려는 훈구파와 갈등을 빚었지. 그 갈등이 연산군 때 터져 나왔어. 연산군은 훈구파의 말을 들어 사림파를 잡아다 처형시키거나 유배 보냈어. 이 사화를 무오년에 일어난 사화라고 해서 무오사화라고 불러.

제가 역사 만화책에서 본 건, 자기 어머니가 후궁들의 모함 때문에 폐비가 되어 죽었다는 걸 뒤늦게 알고 자기 할머니를 들이받아 죽게 만들고, 자기 어머니 죽을 때 가담한 신하, 보고만 있던 후궁들, 아무튼 엄청 많은 사람을 죽인 건데.

그건 무오사화 다음에 일어난 사건인데, 그 사건을 갑자사화라고 한단다. 두 번의 사화를 통해 사림파가 싹이 잘릴 정도로 큰 화를 입었는데, 연산군은 그 후에도 정치와는 담을 쌓고 여자들과 먹고 마시고 놀기 바빴어. 게다가 자기를 비판하는 사람을 다 잡아 죽이려고 했어. 훈구파도 위협을 느낄 정도로. 그래서 훈구파는 이러다가 우리도 다친다, 이런 생각이 들어서 연산군을 폐위시켰지. 그러고 나서 중종을 왕에 앉혔는데, 이 사건을 중종반정이라고 해.

중종반전이요? 뭔가 반전됐다는 뜻인가요?

반전이 아니라 반정. 반정은 바르게 돌이킨다는 뜻이야. 중종이 왕이 되자 이번에도 공을 세운 신하들에게 공신이 책봉돼 큰 토지와 상을 내렸지. 또 다른 훈구파가 탄생한 거야. **바로 이때,**

아, 아빠 선수, 뭔가 중요한 게 튀어나올 때 쓰는 멘트를 날리셨습니다. 바로 이때,

연산군이 폐위되고 중종이 왕이 되자 지방에 숨죽여 있던 사림파도

서서히 고개를 들기 시작했어. 그 사림파를 대표한 사람이 조광조였어. 바로 오늘의 주인공. 조광조는 젊은 엘리트 정치가였어. 학문이 높고, 스스로 몸가짐도 바르고, 직언을 밥 먹듯 하는 겁 없는 신하였지. 마치 젊었을 때 아빠를 보는 듯한 캐릭터.

에이, 아닌 것 같은데요. 엄마한테 꼼짝도 못하시면서.

훈구파는 왜 조광조를 미워한 거예요?

흠흠. 아무튼 조광조가 조선을 개혁하자는 기치를 내걸고 나타나자 중종은 물론이고 백성들도 조광조를 무척 좋아했어. 단, 훈구파는 경계의 눈을 거두지 않았지. 언제 자기들에게 칼을 겨눌지 몰랐으니까. 조광조의 목표는 왕도 정치였어.

왕도 정치가 뭐예요? 왕도 정치를 한다는 말인가요?

그게 아니고, 완벽한 유교 국가를 구현하는 거야. 왕도 정치를 실현하기 위해서는 왕도, 신하도, 백성도 유교 예법에 따라 실천을 해야 하는데, 조광조는 이를 실현하기 위해 지방에 향약이라는 자치 기구를 조직해 착한 일은 서로 권하고 어려울 때 서로 돕는 풍토를 권장했어. 그리고 자기의 개혁 정치를 실현하기 위해 현량과라는 과거 시험을 만들어 젊고 깨끗한 인재를 등용하게 했어. 이들은 자연히 조광조와 뜻을 같이 하는 세력으로 성장했고, 언론 담당, 홍보 담당, 임금 비서실 등 정부 요직에 배치돼 조광조의 개혁 정치를 뒷받침했지.

아주 훌륭하네요. 그런데 훈구파는 왜 조광조를 미워한 거예요?

말했잖아. 조광조의 개혁의 칼날이 언제 자기들에게 향할지 몰랐으니까. 훈구파는, 조광조가 중종반정 때 공신으로 책봉된 사람 중에 공이 없는 사람이 끼어 있으니 그 사람들을 가려내 공신에서 삭제하고, 받은 상도 다 토해내게 해야 한다고 왕께 건의하자, 불안이 불만으로, 불만이 분노로 폭발했어. 조광조를 제거하지 않으면 우리가 다친다! 그래서 기상천외한 함정을 꾸몄어.

한밤중 조광조가 퇴근할 때 땅을 깊이 파서 그 함정에 빠져 죽게 만드는, 뭐 그런 건가요?

주초위왕이라고 새겨진 한 장의 나뭇잎이 조광조를 헤어 나올 수 없는 함정으로 빠뜨려 버렸단다.

주초위왕이 무슨 뜻이에요?

 주초위왕이 무슨 뜻이에요?

한자로 주(走) 자와 초(肖) 자를 합치면 조(趙) 자가 되는데, 조씨 성을 가진 자가 왕이 되려한다는 걸 한낱 나뭇잎이나 갉아 먹는 벌레들도 알 정도로 세상이 다 안다는 거야. 희빈 홍씨가 중종에게 보여 준 거지.

설마 그 일 때문에 조광조가 죽은 거예요?

그렇단다. 중종은 조광조가 자기보다 인기가 많고 세력이 너무 커져 불안하던 차에 이런 나뭇잎이 나타나자 어처구니없게도 조광조를 죽이라고 명했어.

정말 어처구니없네요. 그런 말도 안 되는 모함 때문에 유능한 신하를 죽이려 하다니.

다행히 죽이지 않고 유배 보냈는데, 훈구파가 계속 죽이라고 상소를 올리니까 사약을 내렸지. 이때 조광조를 따르던 사림파 세력이 또 한 번 큰 화를 입게 돼. 이 사건을 기묘년에 일어난 사화라 해서 기묘사화라고 불러.

그럼 사림파는 끝난 거예요?

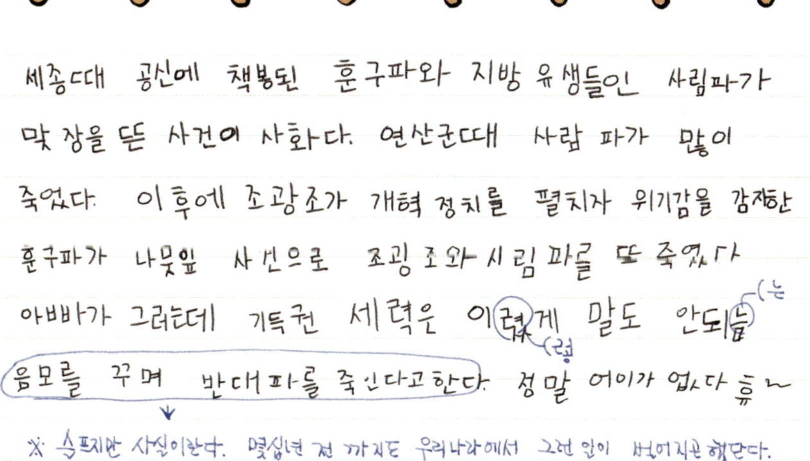

아니. 목숨을 건진 사림파는 주로 영남 지방의 자신들 근거지로 내려가 서원에서 제자들을 기르며 때를 기다렸지. 그러다가 선조가 왕이 되자 중앙으로 진출해서 결국 조정을 접수, 성리학을 바탕으로 하는 정치를 펼치게 돼. 오늘은 여기서 끝!

5. 임진왜란, 역사의 현장에서

저는 지금 한산도에 와 있어요. 올해가 임진년이잖아요.
그래서 임진왜란 현장을 답사하는 역사 기행을 왔어요.
이제부터 저는 한산도를 출발해 진주를 거쳐 행주산성까지
임진왜란 3대 대첩 기행에 나설 거예요.
역사 현장에서 보내는 제 이메일 잘 받아 보시길 바라요.

그래? 생생한 역사의 현장 소식 기대하마. ^^

일본은 왜 조선을 침략해서 저를 이 고생시키는지 모르겠어요.
사실은 여행 잘 하고 있지만요. ^^

그러게 일본은 왜 조선을 침략해 가지고
너를 그 즐거움에 빠뜨리는지 모르겠구나.
고생되더라도 임진왜란 소식 잘 전해 주기 바란다.
파이팅!

받는이 미나에게	재강
제목	재강에게

아 참, 유적 답사 전에 한 가지 팁을 알려 주마. 임진왜란은 1592년부터 1598년까지 2차에 걸친 일본과의 전쟁이야. 일본이 왜 쳐들어왔는지에 대해서는 여러 이유가 있는데, 물론, 겉으로는 명나라를 치러 가는 데 길을 내 달라는 구실을 대긴 했지만, 내전을 끝내고 일본을 통일한 도요토미 히데요시가 내부의 불만을 밖에서 해결하려고 조선을 침략했다고 하기도 하고, 조선과 명나라가 자기들과 무역을 하지 않으려 해서 쳐들어왔다고도 해. 어쨌거나 남의 거를 빼앗으려는 못된 심보가 있어서 그랬겠지. 재강아, 너는 그런 마음 가지면 안 된다는 거 알고 있겠지?

네. 남의 물건 보기를 돌 같이 할게요. 참, 여기는 한산도인데요. 여기서 1592년 7월에 이순신 장군이 이끄는 조선 수군이 일본 배들을 박살냈대요. 이순신 장군이 구사한 작전이 뭔지 아세요? 학익진이래요. 일명 학날개 작전. 일본 배들 앞으로 쭉 다가가다가 학이 날개를 펼친 것처럼 쫙 벌리면 중간으로 거북선이 나가서 포를 마구 쏴서 일본 배를 격침 시키는 작전이에요. 일본 배가 70여 척이 왔다가 10척 만 살아남고 나머지는 모두 물고기 만나러 물속으로 다이빙 했대요. 아빠 쪽 상황은 어때요?

받는이 미나에게 | 재강
제목 | 재강에게

여기 상황은 무척 안 좋았어. 1592년 4월, 부산 앞바다로 20만 왜군이 쳐들어왔는데, 부산과 동래성을 차례로 함락하며 한양을 향해 치고 올라왔지. 충주에서 신립 장군이 이끄는 관군도 무너지고, 그래서 왜군은 거침없이 18일 만에 한양에 도착했단다. 그 전에 선조 임금은 한양을 버리고 북쪽으로 피난을 떠났지. 왜군은 두 달 만에 평양까지 점령했어. 임금은 의주까지 피난 갔고. 거기서 명나라에 구원군을 보내달라고 요청했단다. 그런 절망적인 상황에서 의병이 일어나 그나마 버티고 있었어. 의령에서 홍의 장군 곽재우, 담양에서 고경명, 옥천에서 조헌 등이 의병을 일으켜 왜군과 싸웠어. 이런 의병이 없었으면 아마 조선은 일본의 손아귀에 떨어졌을지도 몰라. 너는 언제 올라오니?

받는이	미나에게	아빠
제목		아빠께

저는 지금 진주성이에요. 1592년 10월에 진주 목사 김시민이 시민군, 관군 3천 명과 김천일이 이끄는 의병들을 합해 일본 군 1만 명을 죽인 곳이 래요. 그런데 놀라운 건, 저는 논개가 이때 일본 군 장군을 껴안고 남강에 빠져 죽은 줄 알았는데, 논개는 다음 해 2차 침입 때 활약을 했다고 해요. 아무튼 진주성 싸움은 김시민이 전투에서 큰 승리를 거둬 임진왜란 3대 대첩에 꼽힌대요. 저는 논개의 절개가 배어 있는 진주 남강에서 뱃놀이 좀 하다가 행주산성으로 올라갈게요.

받는이	미나에게	재강
제목		재강에게

이제야 관군이 정신 바짝 차리고 왜군을 물리치기 시작했구나. 의병과 이순신이 이끄는 수군이 없었다면 조선은 일본의 손아귀에 떨어졌을지 모른다고 했지? 그런데 왜군을 물리친 데는 명나라 구원군의 활약도 컸어. 1592년 7월에 명나라에서 구원군을 보내 평양성을 탈환하고 왜군을 남쪽으로 몰아내기 시작했거든. 의병, 수군, 명나라 구원군이 왜군과 잘 싸우고 있으니까 곧 좋은 소식이 있겠지. 우리 관군들은 어디서 뭐하나 몰라.

행주산성에 있었대요. 1593년 2월, 권율 장군은 한양을 공격하러 가다가 행주산성에 진을 쳤대요. 그러자 일본 군 수만 명이 공격해 왔대요. 그때 행주산성에는 관군 수천 명과 스님들 의병인 승병, 그리고 행주산성 백성들이 합세해서 일본 군의 공격을 막아냈대요. 아빠도 아시죠? 행주산성에서 화살도 다 떨어지자 아줌마 행주 부대가 돌을 날라 일본 군을 물리친 사실. 그런데 행주산성에서 일본 군 1만 명을 죽인 건 단순히 행주치마나 혼신의 힘을 다하는 것만으로 된 게 아니래요. 행주대첩 때 우리 관군은 신기전처럼 최첨단 무기를 동원해서 큰 승리를 거둘 수 있었대요. 저는 임진왜란 3대 대첩 다 답사했으니까 이제 집으로 갈게요.

받는이	미나에게	재강
제목		재강에게

임진왜란을 정리해 볼까? 임진왜란은 1597년 막바지에 이르렀어. 이순신
은 명량해전에서 열두 척의 배로 열 배에 달하는 일본 수군을 격파했지.
그런데 다음 해인 1598년 8월 도요토미 히데요시가 죽자 전쟁을 끝내기
로 했어. 그래서 전라도로 들어왔던 일본 수군이 철수를 시작했지. 그때
노량 앞바다에서 마지막 전투가 벌어졌는데, 여기서 이순신 장군과 명나

라 연합 수군이 일본 배 200여 척을 침몰시켰지. 안타까운 건 그때 이순신 장군도 적이 쏜 탄환에 맞아 전사했다는 거. 7년간의 기나긴 전쟁이 끝나자 조선은 폐허가 됐단다. 농사지을 땅은 전쟁 전에 비해 3분의 1로 줄고, 삶의 터전을 잃어버린 백성들은 여기저리 떠돌아다니고, 수많은 조선인이 일본에 포로로 끌려가고, 경복궁, 창덕궁, 종묘 같은 궁궐이 불타고, 귀중한 문화재가 파괴되고, 아무튼 난리도 아니었지. 다시는 그런 전쟁이 일어나지 말아야 할 텐데.

6. 삼전도 치욕, 아, 창피해 죽고 싶어

이번엔 왜 또 청나라가 쳐들어온 거예요?

임진왜란이 끝나자 임금인 광해군은 정통 강호 명나라와 신흥 강호 청나라(아직까진 후금이었어.) 사이에서 중립 외교 노선을 걸으며 슬기롭게 대처하고 있었단다. 그런데 명나라를 하늘처럼 여기는 서인들이 광해군을 몰아내고 인조를 왕에 앉혔어(인조반정). 그러면서 노골적으로 청나라를 배척했지.

자기네한테 잘못한다고 삐쳐서 쳐들어온 거라는 거죠?

단순히 그 이유 때문이라기보다는 명나라를 공격할 계획이 있던 청나라는 명나라를 공격하기 전에 후환을 없애려고 조선을 침략한 거란다. 광해군의 원수를 갚는다는 구실을 내세워서.

청나라가 쳐들어온 이유가 뭐예요?

그렇다면 명나라랑 친했던 사람들 때문에 전쟁이 터진 거네요?

그렇지. 청나라가 쳐들어온 게 임진왜란 끝난 지 30년이 채 안 된 1627년이었어. 이때 인조 임금은 임진왜란 때 선조가 그랬던 것처럼 보따리 싸서 강화도로 도망갔어. 그러자 청나라가 형제의 관계를 맺으면 물러나겠다고 제의했어. 여기서 물론 형은 자기네 청나라고 동생은 조선을 말해.

그래서 휴전을 했어요?

그럼. 형제 관계를 맺겠다고 하고 청군을 돌려보냈지. 그런데 조선 조정은 형제 관계에 맞는 행동을 하지 않았어. 그러면서 척화파와 주화파로 나뉘어 싸웠지. 척화파는 청나라와 한판 붙자, 주화파는 아니다, 청나라 기세가 너무 강하니 청나라와 친하게 지내자, 이렇게 나뉘어서. 그 와중에 청나라는 조선에 더 많은 조공을 요구하고, 명나라 치는데 군대를 보내라고 요구하고, 형제 관계를 임금과 신하 관계로 바꾸자는 무리한 요구를 해 왔단다. 청나라 요구에 조정은 이러지도 못하고 저리지도 못하고, 척화파와 주화파는 서로 자기주장만 해댔어.

그다음 얘기는 안 봐도 비디오일 거 같은데요. 청나라가 쳐들어오는 순서?

인조는 왜 남한산성으로 피난을 갔나요?

그렇지. 1636년 12월 청군이 다시 조선에 쳐들어왔어. 그러자 인조는 이번에도 강화도로 피난을 가려고 했지. 그런데 청군이 이미 길을 막고 있어서 남한산성으로 피난을 갔단다. 그곳에서 항전을 해 보려고. 청나라 10만 대군은 남한산성을 포위하고 어서 왕이 나와 항복을 하라고 협박했지. 남한산성 안에서는 싸우자, 화친을 맺자, 의견이 갈렸단다. 척화파의 대표 주자는 김상헌, 주화파의 대표는 최명길이었어. 재강아 너라면 어떻게 했겠니?

싸우느냐, 화친하느냐 그것이 문제로다, 이렇게 고민했겠죠.

고민해서 어떤 결론을 냈을 거 같으냐고?

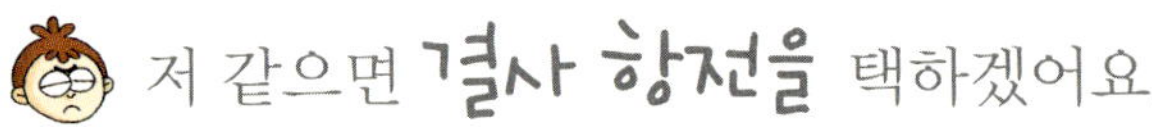 저 같으면 **결사 항전을** 택하겠어요.

결사 항전한다고? 우리 군사는 1만 명, 청나라 군대는 10만 명인데? 더 큰 문제는 구원군이 오는 길도 다 차단당하고, 성 밖에 있는 백성들이 청나라 군 손아귀에 있어서 그 백성들 목숨이 위태로워질 텐데.

그럼 성 밖에서도 의병을 만들어 싸우면 되잖아요. 임진왜란 때처럼. 그럼 성 안에서는 군대가 싸우고, 이렇게 합동 작전을 펼치면 되는 거 아닌가요?

그러려면 장기전이 될 텐데, 성 안에는 50일 치 식량밖에 없었어. 한겨울 날씨는 유난히 추워서 땔감이 없어 성안의 건물을 허물어 땔감으로 쓸 정도로 모든 게 부족했고.

죽을 때 죽더라도 싸우다 죽어야죠.

청군이 성 밖에서 우리 백성들을 무참하게 죽이며 항복하라고 압박하는데도?

그럼 항복이라도 하시겠다는 겁니까, 이 대감?

도저히 힘으로 물리칠 수 없다면 피해를 최소화하기 위해서 얼른

화친을 맺어서 백성들 목숨을 건져야 하지 않을까?

아빠는 겁쟁이, 비겁자예요. 저 같으면 그래도 끝까지 싸우겠어요.

짐도 그러고 싶소. 그런데 조선의 운명이 바람 앞에 촛불이라 항복을 하고 전쟁을 끝내는 게 좋을 듯 하오만.

 아빠랑 도저히 대화를 못하겠어요. 비겁해요.

비겁하다고 해도 어쩔 수 없어. 대적할 힘도 없으면서 명분만 앞세우는 것보단 나아. 조정은 이런 결론을 내고는 항복을 하기로 했어. 그런데 인조가 항복을 결심한 건 백성들을 걱정해서라기 보단 강화도에 있는 세자랑 왕실 식구들이 청나라 군에 항복을 했기 때문이야. 그들을 지키기 위해서라도 항복을 해야 했지.

삼전도의 치욕이란 말이 무슨 뜻이에요?

결국 아빠가 승리하셨네요. 항복을 했으니.

그게 어디 아빠의 승리니, 조선의 패배지. 어쨌거나 청군에 항복한 인조는 1637년 1월 청 황제 앞에 나가서 삼배구고두의 예를 올렸지.

그게 뭔데요?

청 황제 앞에 세 번 절하는 건데, 절 할 때마다 머리를 땅에 헤딩하는 거야. 어느 자료에는 머리를 조아린다고 나와 있고, 좀 극적으로 묘사하는 데는 머리를 땅 바닥에 부딪쳤다고 나와. 실제로 어땠을까?

조아리든 부딪치든, 메치나 뒤치나 굴욕의 종결이죠.

하하! 그러게, 우리 역사에서 이렇게 굴욕적인 항복을 한 게, 아마 백제 의자왕이 소정방에게 당했던 굴욕 이래 처음이 아닐까

싶구나. 문제는 그 다음이었어.

청나라는 항복을 받아 주면서 앞으로 조선은 성을 쌓아도 안 되며, 황금, 사슴 가죽, 명주 따위의 조공을 많이 바치라고 했어. 그리고 수십만 명의 포로를 청나라로 끌고 갔지. 소현 세자 부부와 봉림대군 부부도 그때 볼모(인질)로 끌려갔단다. 청나라는 이 포로를 가지고 장사를 했어. 포로를 찾으려면 돈을 가져와라 이러면서. 그래서 조선에서는 전란의 피해 뒤에도 포로로 잡혀간 가족을 찾아오느라 또 한번 생고생을 했지.

아, 정말 조선의 정치인들 짜증나요. 두 번이나 큰 전쟁 치르게 해서 백성들 고생하게 만들고.

어디 그 정치가들 탓이기만 하겠니. 청나라가 쳐들어오겠다는 걸 어떻게 막냐고.

역사에서 만약에는 의미가 없긴 하지만, 만약에 광해군의 중립 외교가 이어지고, 명나라와 청나라 사이에서 슬기롭게 대처해 나갔다면 전쟁을 피했을지도 모르지. 지금 그런 얘기해 봐야 허무한 이야기지만 우리가 역사를 공부하는 게 과거에 잘못된 것에서 교훈을 얻는 거니까, 오늘날에도 그 점을 잘 생각해 보면 좋겠지. 가령, 한국이 세계 강대국인 미국과 중국 사이에서 균형 잡힌 외교를 한다든가……

제 꿈을 파티쉐에서 외교관으로 바꾸고 싶어지네요. 근데 광해군은
어떻게 됐어요?

제주도에 유배 가서 살다 죽었어.

광해군이 불쌍해요. 특별히 왕에서 쫓겨날 만큼 잘못한 것도 없는
거 같은데.

불쌍하긴 아빠도 마찬가지지. 우리 집안의 왕으로 있다가 엄마한테
왕 자리 빼앗기고 광희군으로 살고 있잖니.

작가라는 양반이 유머 감각도 없고. 당신이 그렇게 유머 감각
이 없으니까 내가 자꾸 나서게 되잖아요.
재강아, 네가 얘기 좀 해 봐. 엄마 나오면 시청률이 올라갈 거
같니?
저는 중립외교 노선입니다요^^.

병자호란은 광해군의 중립외교 노선이 깨진것이 발단
되었다고 한다. 나는 척화파처럼 끝까지 싸워야
한다는 입장이지만 싸울힘도 없으면서 겉으로만
소리치는 건 아니라고 본다. 병자호란이 끝나고
수많은 사람들이 청나라로 끌려 갔었는데
나중에 돌아온 사람들 중에 여자들은 정절을 잃었느니
하며 몹쓸 취급을 받았다고 한다. 그런데 병자호란때는
왜 으몃이 안 일어 난걸까?
→의병

-※ 그 이유는 임진왜란때 공을 세운 의병장을 전쟁이 끝나고 상을 주는 대신
벌을 주었기 때문이야. 그러니까 백성들은 치사하고 무능한 임금과 사대부에
실망과 환멸을 느꼈단다. 그래서 병자호란때 의병이 안 일어난 거야.
의병을 일으킬 시간도 없을 정도로 전쟁이 빨리 끝났기 때문이기도 하고.

7. 영조는 왜 사도 세자를 죽였을까?

지난번에는 수양 대군인 삼촌이
어린 조카를 쫓아내더니, 이번엔 뭐예요?

부자의 난이라고나 할까?
아버지 영조가 아들 사도 세자를.

저 그 이야기 알아요. 영조가 정신 이상인 사도 세자를
뒤주에 가둬서 죽게 만들었다는 이야기잖아요.

뒤주에 가둬 죽인 건 맞지만 사도 세자가
정신 이상자여서 그랬다는 건 꼭 맞는 얘기는 아니야.

어, 만화에서 봤는데…….

물론 정신 이상자로 보일만한 행동을 한 건 사실이지만
영조가 아들을 죽인 데는 다른 이유가 있단다.

다른 이유가 있다고요?

그것이
알고 싶냐?

영조는 왜
사도 세자를 죽였을까요?
사도 세자는 정말
정신이상자였을까요?

당쟁은 왜 일어났어요?

지금부터 그 이야기를 해 보자. 그 이야기를 하려면 잠깐 당쟁에 관한 이야기를 하고 넘어가야 해. 네 번의 사화를 겪으면서 사림파가 거의 무너지고 겨우 살아남은 선비들이 지방으로 내려가 다시 학문을 닦으며 제자들을 길렀다고 한 거 기억나니? 그 사림파가 임진왜란 직전인 선조 때 중앙 정계로 다시 진출하기 시작했어. 사림들은 훈구파가 없어지자 자기들끼리 다시 파를 갈라 경쟁하게 되었어. 당파 싸움을 시작한 거지.

하여간 끊임없이 파를 생산하는군요. 무슨 파 농사꾼도 아니고.

그게 꼭 나쁜 것만은 아니야. 정치에 대한 생각이 누구나 다 다르니까 같은 생각을 가진 사람들이 동아리를 이루는 건 자연스러운 거야. 오늘날에도 여당이니 야당이니, 보수니 진보니 하며 경쟁하잖니.

그런데 당쟁은 왜 일어나는 거예요?

관직의 수는 정해져 있고 관직에 진출하려고 하는 사람은 많으니까 관직에 진출하려면 어느 당파에든 인연을 맺고 그 당의 후원을 받아야 했거든. 그러다 보니 끼리끼리 모이게 됐고, 자기네 당에서 더 많은 관리를 요직에 앉히려고 경쟁하다가 싸움이 붙고 그런 거야. 임진왜란과 병자호란이라는 두 차례의 큰 국가 위기를 겪고도 당쟁은 계속됐어. 아니 더 심해졌단다.

 어떻게 심해졌는데요?

사림파는 처음에 동인과 서인으로 파가 갈렸는데, 마치 세포 분열하듯 세분화됐어. 동인은 남인과 북인으로 갈렸고, 서인은 노론과 소론으로 나뉘었지. 이 네 세력을 사색당파라고 불러.

사색당파가 맨날 싸움만 하다가 임진왜란 일어나고, 그 후에도 정신 못 차리고 당파 싸움만 하다가 나라 망했다는 얘긴 저도 알아요.

그건 당쟁을 너무 부정적인 시각으로 보는 건데, 사색당파 싸움하다가 나라 망했다는 이야기는 일제강점기 때 일본의 역사 학자들이 즐겨했던 말이야. 조선, 너희들은 그래서 망한 거야, 하고 말하려고. 이런 당파 싸움이 끊이지 않자 영조는 당쟁을 줄이려고 탕평책을 썼어. 당파와 어느 편에 치우치지 않고 관리를 고루 등용하는 정책이지.

그거 좋은 아이디어네요. 그런데 사도 세자 이야기해 주신다더니 왠 당파 싸움 얘기만 잔뜩 하시는 거예요?

당쟁과 사도 세자의 죽음이 상당한 관련이 있다는 의심이 들기 때문이지.

영조는 왜 사도 세자를 뒤주에 가뒀나요?

당쟁 때문에 사도 세자 사건이 일어났다는 건가요?

많은 역사 학자들이 사도 세자는 당쟁의 희생자였다고 이야기하지.

사도 세자가 당파 싸움이라도 벌였나요?

그건 아니고, 당시 영조는 탕평책을 쓰면서도 노론 쪽에 가까웠어.

노론과 경쟁 관계에 있던 소론은 사도 세자와 가까웠고. 집권 세력

인 노론은 장차 사도 세자가 왕이 되면 자기들은 제거당할지 모른

다는 걱정을 했어. 그러니 어떻게 했겠니?

사도 세자가 왕이 되지 못하게 만들었겠죠.

그렇지. 그래서 노론은 영조에게 지속적으로 사도 세자의 나쁜 면을 이야기했어. 물론 영조도 처음엔 그 말을 다 믿지 않았지. 그런데 한 사람도 아니고 여러 사람이 끈질기게 사도 세자를 모함하자 영조도 아들에 대해 좋지 않게 생각하게 됐단다.

그래도 그렇지, 자기 아들인데 누가 뭐란다고 나쁘게 생각해요? 아빠도 혹시 그럴 거예요?

아빠야 안 그러겠지. 하지만 사람이 그런 거야. 옆에서 자꾸 저 사람 나쁘다, 나쁘다 하면 그걸 믿게 되지. 물론 사도 세자한테도 문제가 있었어. 아버지를 너무 두려워했던 거 같아. 영조가 무척 엄격했다고 하는데, 꾸중 들을 때마다 불안에 떨었다는 구나.

마치 저를 보는 느낌이 드네요. 숙제 안하고 논다고 엄마한테 혼날 때면 가슴이 **벌렁벌렁**하고 너무 불안해서 미쳐 버릴 것 같거든요.

그러게 숙제는 하고 놀아야지. 그리고 혼나더라도 너무 쫄지 마. 사내답게 당당해야지.

아빠도 엄마한테 혼날 때 안절부절 못하시면서 무슨 그런 말씀을.

흠흠. 아빠가 언제……. 아무튼 사도 세자는 영조가 자꾸 자기를 혼내고, 미워하니까 아버지가 두렵고, 그러면서 한편으론 반발심이 생겨서 자꾸 엇나가게 됐어. 궁궐에 여승을 불러들여 놀고, 허락 없이 지방으로 여행을 다녀오고 그랬대. 그러면 영조는 또 혼내고. 주위에선 '사도 세자 미친 거 아니에요?' 고자질 하고, 두 부자 사이는 점점 더 멀어지고. 이런 악순환이 생긴 거란다. 그러다 결국 아들을 뒤주에 가둬 죽이게 된 거란다.

아무리 아들이 맘에 안 들고, 정신 이상자라고 해도 그것 때문에 아들을 죽일 필요까진 없잖아요? 저 같으면 갇히기 전에 도망쳤겠어요.

사도 세자는 시간이 지나면 꺼내 줄 거라 생각했을지 몰라. 그런데 더운 날 물 한 모금 안 주고 계속 가둬 놓는 거야. 더 웃긴 건 영조가 뒤주에 와서 죽었나, 살았나, 관찰했다고 해.

너무해요. 미친 건 사도 세자가 아니라 영조 같아요.

그래서 결국 일주일 넘게 뒤주에 갇혀 있던 사도 세자는 그 더운 여름날 뒤주 안에서 숨을 거두었지.

어처구니없는 일이 왜 그렇게 많이 벌어진 거예요? 이러다가 우리 책 제목이 어처구니없는 한국사로 정해지는 건 아닌지 모르겠어요.

어쨌거나 사도 세자는 죽었고, 탕평책을 써서 당쟁을 막아 보려던 영조도 결국 당쟁의 희생자가 된 거야. 과정이야 어쨌든 당쟁 때문에 아들을 잃게 된 거니까. 그나저나 뒤주 안에 있던 사도 세자는 죽어 가면서 무슨 생각을 했을까?

아버지에 대한 원망? 아들에 대한 그리움? 그런 생각하지 않았을까요?

우리도 이제부턴 엄마 속상하지 않게 잘 하자. 너는 숙제 잘 하고,
아빠 일찍 일어나서 설거지, 청소, 빨래…….

이젠 아주 대놓고 전국에다가 와이프 흉을 보시네요. 방으로
따라오세요!

아빠, 전화 주세요. 나중에 제가 꺼내드릴게요. 헤헤.

아빠 말로는 권력은 부자 사이에도 나눠가기 어려운
거란다. 영조가 세자를 죽인게 정말 아들이 자기를
밀어내고 왕이 되려 했기 때문일까? 하나님은
하나밖에 없는 아들을 죽이면서까지 우리를 사랑
한다고 들었는데 영조는 자기 아들까지 죽이면서
까지 지키려고 한 게 무엇일까? 그게 정말
권력이었다면 권력은 무서운 것이다.

※ 권력 무서운 줄 이제 알았나? 우리 집의 권력은 이 아빠에게 있지롱, 으하하!

8. 나는 실학자다

나는 실학자다!!
토지개혁
상공업 발전!
중농학파 최고!
중상학파 甲
나는 실학자다? 좀 꼼수 같은데요.
실학자의 위대한 탄생이지.

오늘 주제가 실학자인가 보죠? 그런데 실학이 뭐예요?

음, 한 마디로 백성들 잘 먹고 잘 살게 하고, 나라는
부강하게 만들자고 주장한 조선 후기의 학문이자 사상.
실생활에 도움이 되는 학문이라고 보면 돼.

왜 하필이면 조선 후기에 실학이 나타난 거예요?

오랜만에 아주 중요한 질문을 했구나. 실학은 임진왜란과
병자호란 등 양 난을 겪고 난 뒤 국력은 약해지고,
백성들은 먹고 살기 힘들 때 나타나기 시작했어.
맨날 군신유의, 부자유친 이따위 고리타분한 윤리 따져 봐야
백성들 삶에 도움이 안 된다는 반성에서 나왔지.
자, 이제 이론 이야기 그만하고 실질적으로 실학자들을
살펴보자고. 그들이 어떤 생각으로 어떤 말을 했는지.

고리타분한
성리학은
필요 없어.
실용, 실학!

실학자
누가 나오는데요?
저는 아는 분이
두산 정약용밖에
없어서.

두산 정약용?
왜, 다산 중공업이라고 하지.
정약용의 호는 두산이 아니라
다산이야. 자, 그럼, 실학자
일곱 명의 이야기 들어보고 창의성,
개혁성, 실현 가능성 등의
항목에 따라 점수를
매겨 보는 거야.

중농학파 '토지 개혁이 최우선'

유형원

저는 학문이 어떻게 하면 백성들에게 도움이 될지 고민했습니다. 그래서 과거에 합격했지만 벼슬에 나가지 않고 전북 부안에 내려가 20년 가까이 농민들과 함께 살며 그분들에게 도움을 줄 방안을 연구했습니다. 그 결과로 나온 게 『반계수록』이라는 책입니다. 반계는 제 호이고 수록은 생각이라는 뜻이지요. 저는 그 책에서 균전론을 주장했습니다. 농사짓는 토지를 국가가 소유로 한 다음 농민에게 토지 나눠 주어 농사짓게 하고 세금은 생산량의 10분의 1만 내게 하자, 이러면 빈부 격차가 없어져 가난한 백성이 없어진다, 이런 말이죠.

이익

저는 보수 세력인 노론이 권력을 쥐고 있는 바람에 관직을 포기하고 오로지 학문 연구에 몰두했습니다. 저 또한 유형원 선생처럼 농민들의 토지 문제에 관심이 많습니다. 토지에 대한 제 생각은 한전

론이라고 정의할 수 있는데, 개인이
토지를 가지는 규모를 제한해야 한
다는 겁니다. 그래야 토지 없는 농
민에게도 골고루 토지를 나눠 줄 수
있으니까요. 토지 제도를 바꿔야 농
민이 산다! 이게 제 생각입니다.

정약용

저는 이익 선생님의 책을 접하고 그분과 같은 실학자가 되어야겠다
고 결심했습니다. 정계에 진출하여 정조 임금의 총애를 받으며 승
승장구하던 저는 경기도 암행어사로 나갔다가 가난한 농민들의 참
담한 모습을 보고 사회적인 모순을 해결해야겠다고 다짐했지요. 토
지 문제에 있어서 저는 여전제를 주장하는 바입니다. 토지를 국가
소유로 하고, 공동 농장을 만들어, 공동으로 일
하고, 공동으로 분배하자, 이런 겁니다. 저는
『목민심서』, 『경세유표』, 『흠흠
신서』 등 5백여 권의 책을 써
서 정치와 행정을 개혁하려
는 노력을…… . 아, 지면 관
계상 여기서 마쳐야겠군요.

이상 중농학파 실학자 세 분의 이야기를 들어봤어. 덧붙이자면 정약용은 정조가 죽자 노론에 의해 귀양을 가게 돼. 천주교인 서학을 믿었다는 이유 때문인데, 말 안 해도 노론에 의해 제거당했다는 걸 알 수 있지. 그 후로 정약용은 장장 18년 동안 유배 생활을 하며 학문 연구에 몰두했어. 자, 이제 중상학파 네 분의 이야기를 들어 볼까?

중상학파 '상공업 발달시켜야'

유수원

저는 중상학파의 선구자로서 상공업 발전에 힘써야 조선이 부강하게 된다고 주장하는 바입니다. 이때까지 조선은 사농공상이라 해서

선비, 농부, 기술자, 상인 순으로 신분을 나눠 왔는데, 그러다 보니 상공업이 가장 뒤떨어졌어요. 이제부터라도 화폐를 활발하게 유통시켜 상공업을 발전시켜야 합니다. 그리고 사농공상이니 하는 고리타분한 신분 차별을 철폐해야 합니다. 양반이라도 자질 없는 사람은 농사나 상업에 종사하게 해야 합니다.

홍대용

청나라는 학문을 실증적으로 연구하는
고증학이 발달했고, 서양 문물이 많이
들어와 나날이 발전하고 있었습니다.
조선도 상공업을 발전시켜야
합니다. 저는 또한 과학 사상가
로서 지구는 둥글고, 스스로 돈
다는 것을 감히 주장하는 바입
니다. 마지막으로 어떤 신분이
든지 교육의 기회를 동등하게 주어야 나라가 발전한다고 주장하고
싶습니다. 그리고 노비 제도 따위는 폐지돼야 합니다!

박지원

북학파의 선구자 박지원입니다. 조
선은 양반들 때문에 안 됩니다. 양
반이란 자들은 농사도 짓지 않고,
장사도 천하다 하지 않고, 놀고먹는
자들이 많습니다. 저는 『양반전』이
라는 소설에서 이 점을 통렬하게 비
판을 했습니다. 그리고 저는 상공업

을 발전시켜야 조선이 산다고 봅니다. 상공업 발전을 위해서 화폐 유통을 활발하게 하고, 수레나 선박을 활용하고, 시장을 활성화해야 합니다. 제가 청나라 갔다 와서 쓴 『열하일기』가 21세기까지 스테디셀러인 걸 봐도 저의 주장이 틀리지 않다는 거 아시겠지요?

박제가

조선은 청나라로부터 배워야 합니다. 오랑캐니 뭐니 하는 이야기는 개나 주라고 하십시오. 그리고 제가 서자 출신이어서 그런 건 아니지만 서자 차별 철폐해야 합니다. 위아래가 없다느니 하는 말도 없어져야 합니다. 사람이 옳고 그름에 따라 평가 받아야지 단순히 신분이나 직위 따위로 높고 낮음을 나누는 것은 옳지 않습니다. 그리고 조선이 잘 살려면 상공업을 발전시켜야 합니다. 그러려면 많이 써야 합니다. 소비는 우물과 같습니다. 소비를 해야 생산이 늘고 생산을 해야 나라가 부강해집니다. 이상!

실학이 백성들 생활에 어떤 영향을 미쳤나요?

실학자들은 농업을 중시하느냐, 공업을 중시하느냐 하고 나누지만 공통점은 어떻게 하면 백성을 편안하게 살게 하고, 나라를 강하게 만들지 고민했다는 거야. 아빠가 뽑은 1등은 양반 사회를 신랄하게 비판했던 박지원. 재강이 너는?

저는 신분 차별을 주장하고, 청나라 선진 문물을 과감하게 받아들여야 한다고 주장한 박제가에게 1등을 주고 싶어요.

 얘가 무슨 얘기야? 1등은 정약용이지.

 왜요?

 시험에 가장 많이 나오니까. 실학을 배웠으면 실용적으로 생각을 할 줄 알아야지.

군이 시험 때문이 아니더라도, 정양용은 실학을 집대성한 최고의 실학자라고 평가를 받고 있어.

실학 덕분에 조선 백성들은 잘 살게 됐나요?

꼭 그렇지는 않아. 실학은 정조 때 발전을 했지만, 실학자들의 주장 모두가 정치에 그대로 반영되지는 않았어. 많은 실학자들이 권력에 밀려나 있었기 때문에 그들의 개혁 사상을 실현시키기 어려웠기 때문이야.

그렇다면 실학이 실질적으로 거둔 성과가 없다는 말씀이에요?

꼭 그렇게 얘기할 순 없단다. 실학사상은 당시에 지리, 역사, 과학, 언어 등 보수 유학자들이 관심을 덜 가지는 분야에까지 미쳐 조선의 문화와 학문 발전에 크게 기여했어. 조선 말 개화 사상가들

에게도 큰 영향을 끼쳤지. 시간 내서 박지원이 쓴 『열하일기』나 정약용의 『목민심서』 같은 책을 읽어 보면 좋겠구나. 어린이들 눈높이에 맞게 출간된 책들이 많이 있으니까. 끝!

9. 못 살겠다 홍경래

옛날, 옛날 먼 옛날 평안도 가산 다복동에 홍경래라는 늠름한 젊은이가 살고 있었어요. 그러던 어느 날,

오늘 이야기 주제가 홍경랜가 보죠?

맞아. 혹시 홍경래에 대해 알고 있니?

알죠. 한국을 빛낸 100명의 위인들에 뽑힌 인물이잖아요. '못 살겠다 홍경래~.' 동지들을 모아 난을 일으킨 인물이잖아요.

앗차 노래방
못살겠다. 홍경래~~.
못살겠다 홍경래~~.

홍경래는 왜 봉기했어요?

 그런데 홍경래는 왜 난을 일으킨 거예요?

난이라는 표현보다 봉기라고 하는 게 좋을 것 같구나. 이유는 크게 숲, 산, 나무 식으로, 넓은 것에서 좁은 것으로 차츰 좁혀서 생각해 보면 좋을 거 같다.

숲이니 산이니 그 말이 더 어려운 것 같지만, 좋아요, 홍경래가 봉기를 일으킨 이유가 뭐예요?

먼저 숲을 보는 느낌으로 넓게 보자면, 조선 중앙 정치인들의 서북 지방(평안도)에 대한 뿌리 깊은 차별을 들 수 있어. 조선 개국 이래 그 쪽 사람들은 중앙 정계에 진출하기 어려웠어. 옛날 여진족들이 살던 동네라고 무시한 거지. 그래서 과거에 합격하기도 어렵고 붙어도 중요한 자리에는 못 올라가고, 그런 지역 차별 때문에 평안도 사람들에겐 불만이 아주 컸단다. 홍경래도 평안도 사람이었어. 홍경래와 봉기를 함께한 사람들도.

서북 지방에 대한 차별 때문에 봉기를 일으켰다고요?

지역 차별이 그 배경이 됐다는 얘기야. 다음엔 2단 계. 조금 좁혀서 산을 볼까? 홍경래의 봉기는 평안도 지방에 대한 관리의 수탈과 관련이 있어. 혹시 평양 감사도 제 싫으면 그만이라는 말 들어 봤니?

그럼요. 평양 감사는 자기가 싫을 때 언제나 그만 둘 수 있다는 뜻 아닌가요?

물론 아니지. 아무리 좋은 거라도 자기가 싫으면 그만이라는 뜻이야. 평양 감사 자리가 그만큼 좋았다는 뜻이야. 그 유명한 얼짱 평양기생들 넘쳐 나지, 대동강에서 배 띄워 놓고 한 밤에도 뱃놀이 하지, 중국 사신 접대한다고 중앙에 세금 안 올려 보내고 알아서 쓰지, 아주 천하의 좋은 자리였단다. 특히 평양 감사는 관리 자리 중에서 최고의 돈벌이 자리였다는구나. 백성들한테 세금 빵빵 때려서 자기가 챙길 거 다 챙기고 그랬다는 거야. 이러한 농민 수탈이 이 지역 농민이나 노동자들을 화나게 했는데, 홍경래가 봉기를 일으킨 간접적인 원인이 되었단다.

지역 차별, 농민 수탈, 그 지역 사람들이 몽둥이 들고 일어날 조건을 다 갖추었네요.

아주 정확한 지적인데, 네 표현이 좀 어른스러운 것 같구나. 책에 나온다고 신경 써서 그런 거니, 아니면 아빠랑 대화하는 몇 달 새 똑똑해 진 거니?

제가 원래 천재잖아요. 하나를 가르쳐 주면 열을 아는. 헤헤.

통과. 마지막으로 3단계. 가장 직접적인 이유는 홍경래 자신과 관련이 있어. 홍경래가 평양에서 보는 향시에 합격한 뒤 한양에 가서 과거를 봤는데, 낙방했어. 홍경래는 자기가 떨어진 이유가 서북 지방 출신이었기 때문이라고 생각했어.

 진짜 그 이유 때문에 떨어진 거예요?

진짜인지 아닌지는 홍경래 과거 시험 채점 위원장을 안 만나 봐서 잘 모르겠고, 앞에서 이야기한 서북 지역 차별을 보면 충분히 그럴 가능성이 있다고 봐야지. 홍경래가 과거를 본 시기는 정조가 죽고 나이 어린 순조가 왕으로 있던 때거든. 그 땐 과거 시험도 지체 높은 한양의 양반 자제들에게 유리했다고 해. 요즘 말로 '빽'이 먹혔다는 거지. 그리고 벼슬자리를 돈을 주고 사고파는 게 아무렇지도 않을 만큼 정치가 문란한 시대였다고 해. 한마디로 왕의 외척들이 높은 자리 꿰차고 앉아 돈 받아먹으며 관리 자리 임명하고, 아주 개판 오 분 전이었다는 사실.

그랬으니 '못 살겠다 홍경래~' 이런 노래가 나온 거군요. 총체적 부패 상황이었네요.

맞는 말인데, 오늘 네 입에서 아주 어려운 용어가 술술 나오는구나. 아무튼 이런저런 이유가 뒤섞여, 마치 핵분열 후 폭발을 일으키듯 홍경래가 대 폭발한 거란다. 중요한 이야기 다 했으니 오늘 이야기는 이쯤에서 끝낼까?

원인만 알면 뭐 해요, 결과도 알아야죠.

 좋아. 오랜만에 만화로 재미있게 보여 주지. 만화가 선생님~.

홍경래, 일어나다!

때는 1811년 12월 18일.
서북인들이여 단결하라! 평양을 접수하고, 한양을 점령하자!

홍경래 군은 승승장구 봉기 사흘 만에 7개 군을 점령했어.

그런데 송림동 전투에서 패하면서 정주성으로 후퇴해야 했어.

그리고 서너 달이 흘렀지.
식량이 떨어져 갑니다, 대원수.
아이들과 부인들을 내보내라. 우리는 여기서 결사 항전한다.

그러던 어느 날, 관군이 성벽 아래 파묻은 화약이 폭발하면서 성벽 일부가 무너졌어.

관군은 성 안에 있던 2천 명의 봉기군을 숙였어. 홍경래노 총을 맞아 숨졌지.

홍경래 봉기가 실패한 이유가 뭐예요?

이리하야, 홍경래는 봉기를 일으킨 지 다섯 달 만에 뜻을 이루지 못하고 실패하고 말았던 것이었던 것이었습니다. 봉기를 위해 10년이나 준비했다는 데 조금 허망한 결말이지?

10년이나 준비했다고요? 그런데 왜 실패한 거예요?

관군의 진압에 적절히 대응하지 못한 점도 있고, 송림동 전투에서 실패한 뒤 정주성에서 농성하면서 구원군의 지원을 받지 못했기 때문이기도 해. 그러나 아빠가 볼 땐 조선 사회의 봉건적인 모순을 해결하려는 이념을 제시하지 못한 채 지역 차별에 대한 항거를 강조

하다 보니 다른 지역 농민들의 지지와 협조를 구하지 못했기 때문
인 것 같아.

그랬군요. 뭔가 2% 부족한 봉기 같은 느낌이 들어요.

그래도 홍경래 봉기가 조선 사회에 끼친 영향이 무척 컸어. 홍경래
봉기 이후 가히 농민 봉기의 시대라 할 만큼 전국에서 농민들이 들
고 일어났거든. 강원도, 충청도, 경상도, 심지어 제주도까지. 농민
봉기의 원인은 지방 수령들의 가혹한 수탈이었지만, 홍경래의 봉기
도 큰 영향을 끼쳤어. 오늘 이야기 끝!

10. 여느냐, 닫느냐 그것이 문제로다

오늘 대화 제목이 그럴듯한데요.
죽느냐, 사느냐 그것이 문제로다. 셰익스피어가 한 말처럼.

정확히 말하면 셰익스피어가 아니라 햄릿이지.
연극 햄릿에서 햄릿이 한 말이니까.

햄릿을 셰익스피어가 썼으니까
셰익스피어가 한 말이라고 해도 되죠.

중요한 거 아니니까 재강 군, 그만하고.
이 작가님은 어서 오늘의 대화를 시작해 주시죠.

그럽시다. 오늘은 몰려드는 서양 세력에 맞서
강력한 쇄국 정책을 펼친 흥선 대원군과 이후
조선이 개방을 한 이야기를 해 보려고 해.

쇄국 정책이 뭐예요?

나라의 문을 걸어 잠그는 정책이란 뜻이야. 개방 정책과 반대.
그렇다면 병인양요와 신미양요를 겪은 조선이 어쩌다가
1876년 일본과 강화도 조약을 맺게 됐는지 만화로 보여 줄게.

쇄국만이 살길이다!

1866년 병인양요.
프랑스 함대가 강화도에 쳐들어 왔어.

프랑스 신부들을 죽인 걸 사과해라! 그렇지 않으면 모두 부숴 버리겠다.

몇 달 전 프랑스 신부와 한국인 천주교 신자 처형을 구실로 쳐들어 왔지만 그들의 목적은 조선과 무역을 하는 거였어.

장사하자.

1872년 신미양요.
프랑스 군을 물리치자 이번엔 미국 전함이 나타났어.
6년 전에 대동강에 온 미국 상선을 불태운 걸 보복하겠다며.
하지만 그들이 원하는 것 역시 장사였어.
흥선 대원군은 요구를 거절하고 싸우는 쪽을 택했지.

척화비를 세우노라. 서양 오랑캐랑 놀지 마라!

그런데 이번엔 일본 군함이 강화도에 나타나 난리를 치다가 우리 군대의 공격을 받고, 마치 조선군이 먼저 공격했다는 식으로 뒤집어 씌웠어.
1875 운요호 사건. 일본은 운요호 사건을 책임지라며, 자기네와 통상 조약을 맺자고 요구했어. 말이 좋아 요구지, 무력을 동원한 협박이었지.

이리하야, 1876년 조선은 일본과 강화도 조약을 맺고 나라의 문을 열게 되었고, 열린 문으로 외국의 물건과 사람, 자본이 마구 쏟아져 들어오게 되었단다.

일본에 개방을 할 수밖에 없었던 이유가 뭐예요?

요약하자면, 프랑스와 미국이 강화도에 나타나 통상(나라 사이의 무역)을 요구하자 흥선 대원군이 요구를 거절하고 그들과 싸워 물리쳤다는 것. 그 뒤 일본도 조선에 문을 열라고 똑같이 요구했는데, 이번엔 거절하지 못하고 통상 조약을 맺었다는 거야.

프랑스와 미군처럼 센 나라는 물리치고 일본한테는 왜 문을 열었어요?

흥선 대원군이 물러나고 고종과 민비가 정치를 할 땐데, 일본이 무력을 앞세워 문을 열라고 하니까 버틸 힘이 없어서 문을 연 거야. 물론 개화를 주장하는 관리들도 있긴 했지만. 서양 세력의 통상 요구에 대한 흥선 대원군의 쇄국 정책은 적절했다고 생각하니?

당연히 적절하지 않죠. 프랑스 신부를 죽이고, 천주교 신자 수천 명의 목을 잘랐다는데, 흥선 대원군이 좀 심한 거 아니에요? 그랬으니까 프랑스가 쳐들어온 거겠죠. 그리고 미국이 와서 서로 장사하자고 하면 장사하면 되잖아요. 괜히 싸워서 우리 군인들과 백성들 죽게 하지 말고.

물론 프랑스 신부와 우리 신자들을 많이 죽인 건 잘못이지만 그렇다고 그들이 요구하는 대로 통상 조약을 맺고 안 맺고는 조선 마음이지. 조선이 싫다면 그런 줄 알고 돌아가야지, 대포를 쏘고 민간인을 죽이면서 장사하자고 하면 되겠니?

하지만 일본은 미국에 개방하고 나서 발 빠르게 서양의 문물을 받아들여 부강한 나라가 됐다면서요. 우리도 그렇게 했으면 지금쯤 선진국이 되었을 텐데.

그래. 그 점은 아빠도 아쉽게 생각한다만 당시 흥선 대원군이나 집권자들은 서양 세력을 오랑캐라고 천시했어. 게다가 이제까지 외국과 무역을 하지 않고 잘 살아 왔는데 무슨 소리냐는 식으로 무시했지. 그 점이 안타깝긴 하구나.

왜 척화비를 세웠어요?

흥선 대원군은 프랑스와 미국 군대를 물리치고 나서 척화비를 세웠어. 서양 오랑캐를 배척하자는 뜻으로. 그렇게 쇄국 정책을 유지하다가 권좌에서 물러난 뒤 일본과 강화도 조약을 맺고 나라의 문을 열게 되었단다. 조선 정부가 개방 정책을 펴기 시작한 거야.

개방은 잘 한 거 같아요. 조선이 만약 일본과 조약을 맺지 않고 버텼으면 일본이 가만있었겠어요? 임진왜란 때처럼 또 쳐들어와서 조선을 괴롭히면 어떻게 해요. 그리고 나라끼리 서로 무역하는 게 나쁜 건 아니잖아요.

물론 그렇지. 하지만 당시 조선은 일본과 조약을 맺기엔 너무 준비가 안 돼 있었어. 그래서 불리하게 조약을 맺었지.

불리하지 않게 조약을 잘 맺으면 되잖아요.

그러게 말이다. 하지만 고양이가 쥐 사정 봐주지 않듯이, 힘 있는 나라는 약한 나라를 배려하지 않아. 일본은 철저하게 자기네 나라에는 유리하고 조선에는 불리한 조약을 강요했어.

조선에게 어떻게 불리했는데요?

가령, 두 나라 사이에 상품이 오갈 때 세금을 매기는데, 그걸 없애기로 했어. 그렇게 되면 농산물 위주로 수출을 하는 조선은, 공산품 위주로 수출을 하는 일본에 비해 무척 불리해져. 농산물은 한정이 있

으니까, 무역이 늘어나면 날수록 조선에는 남아나는 게 하나도 없게
되겠지. 또 일본 사람이 조선에서 죄를 지어도 조선 법으로 벌을 줄
수 없도록 했어. 이런 걸 전문 용어로 치외 법권이라고 한단다.

듣고 보니 정말 바보 같은 조약이네요. 어떻게 그런 조약에 도
장을 찍은 거예요?

얘기했잖아. 그때까지 조선은 통상 조약이라는 것을 잘 몰랐고, 고

종과 민비는 일본의 압력을 견뎌낼 힘도 없었다고. 휴~ 우울한 이
야기는 이쯤에서 그만! 앞으로 세계 여러 나라와 자유 무역 협정을
맺을 때 교훈으로 삼으면 다행일 듯.

11. 갑신정변과 동학 농민 운동

♪새야 새야 파랑새야 녹두밭에 앉지 마라 녹두꽃이 떨어지면 청포 장수 울고 간다~.

오늘은 역사 시간에 음악 공부하는 건가요? 무슨 노래예요? 좀 슬픈데요.

그럴 거야. 동학 농민 운동이 실패로 돌아가자 농민들이 지도자였던 녹두 장군 전봉준을 기리며 불렀던 노래니까.

동학 농민 운동과 녹두 장군 전봉준? 아, 전에 책에서 본 적이 있어요. 전봉준과 농민들이 관군과 싸우는 거.

그렇지. 바로 오늘 이야기할 주젠데, 그 이야기를 하기 전에 갑신정변 이야기부터 할게. 10년이라는 시간 차이도 있고 방법도 달랐지만 두 운동 모두 조선을 개혁하려는 움직임이었다는 공통점이 있거든.

갑신정변은 작년에 아빠 책에서 본 것 같아요. 피로 물든 우정국 축하파티였던가…….

새야 새야~ ♬
파랑새야~ ♬

개화파는 왜 정변을 일으켰어요?

그렇지. 갑신정변은 김옥균 같은 급진 개화파가 정권을 잡기 위해 일으킨 쿠데타야.

쿠데타가 뭔데요?

무력으로 권력을 차지하는 거. 무슨 이야긴지 들어 볼래? 때는 1884년, 강화도 조약을 맺어 일본에 문호를 개방한 지 8년이 지난 뒤였단다. 개방이 되자 조선은 어떻게 조선을 개혁해야 하는지 의견이 분분했어. 어떤 사람들은 하루라도 빨리 조선의 제도와 사상을 확 바꿔 일본처럼 근대화된 나라를 만들어야 한다고 주장했고, 또 다른 사람들은 조선의 유교 전통을 지키면서 서양의 문물을 받아들이자고 주장했단다. 갑신정변을 일으킨 사람들은 확 바꾸자고

주장한 급진 개화파였단다. 그 사람들을 개화당이라고 불렀어.

그러니까 개화당 사람들이 뭔가 일을 벌인 거군요?

 그렇지. 당시 보수적인 수구당이 권력을 잡고 있었는데, 개화당이 어서 빨리 청나라 간섭에서 벗어나 일본처럼 제도를 고치고 조선을 개혁하자고 요구하자 수구당이 반대했지. 그러자 김옥균과 박영효 등의 개화당이 우정국 개국 축하 잔치가 열리는 날 수구당 사람들을 제거하고 권력을 차지한 거야.

그래서 우정국 축하 잔치가 피로 물든 거예요? 그런데 우정국이 뭐예요?

요즘의 우체국이야. 그때 조선에 우체국이 처음 설립됐는데, 그 개국 축하 잔치 때 개화당이 일을 벌인 거야.

그래서 성공했나요?

쿠데타에 성공은 했는데 3일 천하로 끝나고 말았단다. 김옥균 등의 개화당 사람들은 반대파 일부를 제거하고 개화당 사람들로 정부를 구성하고, 혁신 정강이라는 개혁안을 발표했어. 그런데 3일째 되는 날, 창덕궁으로 청나라 군대가 밀려 들어와 개화당을 몰아냈어.

청나라 군대는 또 뭐예요?

그때 조선에는 청나라 군대와 일본 군대가 같이 들어와 있었어. 개화당은 두 나라 중에 일본 군을 등에 업고 정변을 일으켰어. 그러자 고종과 민비는 은밀히 청나라 군대에게 개화당과 일본 군을 진압해 달라고 요청했지. 그래서 청나라 군대가 출동해 쿠데타 세력을 진압한 거야.

허무한 드라마를 보는 기분이에요. 왜 그렇게 빨리 무너진 거죠?

개화당이 쿠데타 파트너를 잘못 골랐어. 일본을 믿고 거사를 일으켰는데, 청군이 몰려오자 발을 빼고 도망갔거든. 그리고 민중들의 지지를 못 받은 것도 실패의 한 원인이야. 당시 민중들은 일본에 대해 별로 좋지 않은 감정을 가지고 있었어.

이해가 가요. 저도 일본이 싫어요.

단순히 싫고 좋고 하는 문제가 아니라, 일본이 우리 민중들을 화나게 하는 일을 많이 했거든. 무슨 말이냐 하면, 일본에 개항을 한 이후 쌀이나 보리 같은 곡식이 일본으로 많이 빠져나가 물가가 뛰고, 일본 상인들이 자기네 물건을 값싸게 들여와 조선 상인들은 타격을 받았지. 그런 와중에 개화당이 일본을 등에 업고 정변을 일으켰으니 사람들이 좋게 볼 리 없었겠지. 그런저런 이유로 갑신정변이 실패한 거야. 정변 실패 이후 조정은 다시 수구당 사람들이 장악했지.

전봉준과 농민군은 왜 봉기했나요?

제가 김옥균이라면 좀 더 철저하게 준비해서 성공시켰을 텐데. 하긴 10년이나 거사를 준비한 홍경래도 몇 달 못 버티고 무너진 걸 보면 봉기를 일으켜서 성공하기가 쉽지 않은가 봐요.

맞아. 쉽지 않아. 이제 이야기하려는 동학 농민 운동이 실패한 걸 봐도 그래. 동학 농민 운동은 조선의 동학 농민들이 봉건 지배 질서와 외세에 저항해 일으킨 개혁 운동이었는데…….

어휴, 봉건 지배 질서, 외세에 저항, 개혁 운동, 말이 좀 뻑뻑한데요.

말이 뻑뻑하다? 좀 어렵다는 말이구나. 쉽게 말해 탐관오리 혼내 주고, 신분 제도 타파하고, 일본을 몰아내려는 운동이었다는 말인데, 동학 농민들이 전봉준을 중심으로 뭉쳐 조선 정부와 한판 붙은 전쟁이라고 보면 돼. 그래서 동학 농민 운동을 갑오농민전쟁이라고도 불러. 갑오년에 농민들이 전쟁을 일으킨 거라고.

농민들이 정부와 전쟁을 벌여요? 좀 심한 거 아닌가요?

조선 말기 지방 관리들의 수탈이 어느 때보다 심했거든.

관리들이 농민들을 어느 정도로 심하게 괴롭혔길래 그래요?

들어봐. 전라도 고부에 군수로 부임한 조병갑은 효도 안 한다고 세금 때리고, 형제 간에 우애 없다고 세금 물리고, 자기 아버지 공덕비 세운다고 세금 걷고, 이런 말도 안 되는 명목으로 세금을 거둬들여서 농민들을 괴롭혔어.

정말요? 그런 말도 안 되는 구실로 농민들을 못 살게 굴다니, 조병갑 나으리가 좀 심했네요.

그렇단다. 화가 난 농민들은 동학 지도자였던 전봉준을 앞세워 봉기를 일으켰어. 고부 관아를 점령한 뒤 못된 아전들을 혼내 주고 다시 생업으로 돌아갔는데, 사태를 수습하러 온 관리가 농민들을 잡아다가 때리고 죽이고 하자 농민들이 고부에 있는 백산에 다시 모여 전쟁을 선포하고 한양으로 쳐들어갔어.

한양이면 서울? 그래서 서울까지 진출했나요?

아니, 전주까지 점령했는데, 거기서 정부군과 휴전을 맺었어.

 왜요?

동학군을 진압해 달라는 요청을 받고 청나라 군대가 조선에 들어왔
는데, 그때 일본 군도 덩달아 따라 들어왔어. 그러자 이러다가 두
나라가 조선에서 싸움을 벌이겠다 싶어 휴전을 한 거야. 그러고는
두 나라에 군대를 철수해 달라고 요청했지. 그런데 일본 군은 요청
을 거부하고 남아서 청나라와 전쟁을 벌였어.

남의 나라에서 일본과 청나라가 싸우다니, 완전 예의 없는 나라네요.

그들은 어떻게든 조선을 자기들 영향 아래 두려고 그런 짓을
벌인 거야. 그러자 휴전에 들어갔던 동학 농민군이 다시 봉기했어.
이번에는 일본 군을 몰아내고 나라를 구하자는 기치를 내걸고서.
그렇게 1894년 가을, 공주로 가는 길목인 우금치 마루에서 조선 관
군과 일본 군 연합군에 대패하는 바람에 실패하고 말았단다.

농민군이 왜 패한 거예요? 지난번 휴전하기 전까지는 승승장구했
다면서요.

무기가 상대가 안 됐거든. 최신식 소총과 기관총으로 무장한 일본
군과 관군 연합군을 상대로 겨우 화승총이나 칼, 대나무로 만든 무
기로 싸웠으니 이길 수 있었겠니.

그럼 농민군도 무기를 최신식으로 갖추면 될 거 아니에요?

무기를 최신식으로 갖추면 될 거 아니냐고? 그건 마치 맨날 굶는
거지들에게 식당에서 돈 주고 맛있는 밥 사먹으면 되지 않느냐고

말하는 거랑 같아. 농민군한테는 그럴만한 자금이나 역량이 부족했던 거야. 하지만 농민들이 그 전투에서 패배했다고 해서 동학 농민 운동 자체가 실패한 운동이라고 말할 순 없어. 왜냐하면 동학 농민 운동 정신이 일제 침탈에 맞선 항일 의병과 일제 강점기 때 독립운

동가들에게 이어졌으니까.

 갑신정변도 그렇고 동학 농민 운동도 그렇고 모두 청나라 군이나 일본 군 때문에 망한 거네요.

그렇게 볼 수 있지. 조선 조정은 자기들이 위험에 처할 때마다 예외 없이 외국군을 끌어들여 자기 권력을 지키려 했어. 그렇게 들어온 일본 군은 동학 농민 운동을 진압하고, 청·일 전쟁에 승리함으로써 조선을 자기들 손아귀에 넣는데 성공했어. 그리고 마침내 10년 뒤에 을사조약을 맺어 조선을 식민지나 다름없는 상태로 만들었단다. 우리 민족에겐 아주 비극적인 역사의 한 페이지란다. 다음 시간에 그 이야기를 해 보자꾸나.

12. 을사오적과 헤이그 특사 3인방

지난 시간까지 조선 말기까지의 이야기를 했는데, 오늘부턴 그 다음 시대 이야기를 할 거야.

아, 일제 감전기요?

감전기가 아니라 일제 강점기. 일제가 강제로 조선을 점령한 시기라는 뜻이야. 하긴 일제의 억압에 감전됐던 시기라고 해도 아주 말이 안 되는 건 아닌 거 같구나. 일제 강점기 때 얘기를 하기 전에, 조선과 일제 강점기 사이에 있었던 나라에 대해 잠깐 이야기를 해 보자.

제가 역사 대화를 1년 가까이 하고 있지만 일제 강점기 전에 무슨 나라가 있었다는 얘기는 처음 듣는 얘긴데요.

대한 제국이 있었어. 조선의 마지막 임금인 고종이 1897년에 세운 황제의 나라. 고종은 조선을 대한 제국으로 바꾸고 황제의 나라라고 했어. 바로 그 대한 제국 시기에 있었던 일제의 조선 침탈에 관한 이야기를 해 보자.

대한제국
펏서
대한 제국 간판 빨리 내려.
조선은 우리땅
지금은 곤란하다. 조금만 기다려 달라.

외교권을 빼앗기면 어떻게 되나요?

강화도 조약 이후 일제는 어떻게든 조선을 식민지로 만들기 위해 호시탐탐 기회를 엿보았어. 우리는 어떻게든 독립을 지키기 위해 노력했고. 그런데 1905년 일제에 크게 한 방 먹은 사건이 벌어졌단다.

명성 황후 사건 말하는 거 아니에요? 그 부분은 제가 책을 많이 읽어서 좀 아는데.

명성 황후 시해 사건이 벌어진 지 10년 뒤에 일어난 일이란다. 하긴 뭐, 을미사변도 참 어처구니없는 사건이지. 어떻게 일본 깡패 새끼들이 남의 나라 궁궐에 들어와서 한 국가의 왕비를 죽일 수 있냐고. 그 사건을 벌인 일제나 그걸 막지 못한 조선이나 참 말문이 막힌다.

작가님 마음은 이해하겠는데요, 일본 깡패 새끼라는 표현은 책에 쓰기가 곤란해요. 일본 낭인들이라고 수정할게요.

낭인이 뭐예요?

그것 봐요. 낭인이라니까 재강이가 단박에 못 알아먹잖아요. 낭인이란 특별히 할 일 없이 남의 일에 참견하며 왔다 갔다 하는 사람들을 말하는데, 명성 황후 시해 사건 때 그런 일본인 정치 깡패들이 시해에 가담했다는 거야.

아하, 그러니까 일본인 정치 깡패들.

그렇지. 일본 정치 깡패들이 말이지 조선의 국모를 죽였다고. 물론 일본 공사와 짜고서. 아무튼 오늘 이야기 주제는 아니니까 그 이야기는 이쯤에서 마치자. 구한말 조선은 그렇게 말도 안 되는 수모를 일제로부터 당했어. 그리고 1905년 마침내 을사조약이라는 조약을 일제와 맺게 되었단다.

을사조약이요? 오늘은 처음 듣는 이야기가 줄줄이 비엔나로 엮여 나오네요.

을사조약은 일제가 대한 제국의 외교권을 빼앗으려는 목적으로 우리와 강제로 맺은 조약이야. 일제가 이토 히로부미를 보내 우리를 협박해서 맺었다고 해서 을사늑약이라고도 불러. 그 조약 때문에 대한 제국은 외교권을 잃었어.

외교권을 잃으면 어떻게 되는데요?

독립 국가로서 구실을 못 하는 거야. 일제의 허락 없이는 다른 나라와 조약을 맺을 수도 없는, 한마디로 식민지 상태로 떨어진거나 마찬가지지.

아, 대한 제국 황제님과 신하들은 뭐 하시고 나라를 그 지경으로 만드신 거예요? 미국이나 영국, 러시아 같은 나라들한테 도와달라고 해 보지.

을사조약을 맺기 전에 일제가 먼저 손을 써 놨어. 일제는 영국과 동맹을 맺어 조선을 차지하는 걸 허락을 받았어. 미국과 러시아에도 마찬가지로 작업을 해 놨었지. 그러고 나서 대한 제국을 협박해서 을사조약을 맺은 거란다. 일제 식민지가 된 게 1910년인데, 실은 1905년 을사조약 이후 조선, 아니 대한 제국은 식민지나 다름없는 나라가 됐단다.

그래도 그렇지. 전쟁을 해서 진 것도 아닌데, 어떻게 그렇게 쉽게 나라의 주권을 빼앗길 수 있어요?

이완용 같은 친일파들이 을사조약을 맺을 때 적극 찬성해서 그렇게 된 면도 있지. 이완용은 이후 일제가 대한 제국을 강제로 병합할 때도 총리대신으로서 큰 역할을 하셨단다. 그 공로로 일제로부터 백작 작위도 받고 후에 후작 작위도 받고 아주 잘 사셨지.

이완용이 저랑 같은 이씨라는 게 창피해요.

이씨 얘기해서 하는 말인데, 이재명 의사가 1909년에 명동 성당에서 미사 마치고 나오는 이완용을 저격한 일이 있었어. 그런 이씨도 있었으니까 너무 창피해 하지 않아도 돼.

아, 네. 그래서 을사조약 이후에 나라 망한 거예요?

우리도 어떻게든 독립을 지키려고 노력했어. 의병이 일어나 일제와 싸우고, 교육 계몽 운동을 펼치고, 해외에 나가서 무장 독립 투쟁을 준비하고, 특히 고종 황제는 을사조약의 무효를 알리기 위해 1907년 네덜란드 헤이그에서 열리는 세계 평화 회의에 특사 세 명을 파견했단다. 이상설, 이준, 이위종 세 분.

헤이그에 특사를 파견한 이유가 뭐예요?

그분들이 모두 이씨인 게 자랑스러워요. 가서 뭐 역할 좀 하셨나요?

그분들이 이씨라는 게 중요한 게 아니고 고난을 무릅쓰고 그곳에 간 게 중요한 거야. 하지만 세 분이 회의장에 찾아 갔는데 대한 제국은 외교권이 없다며 문전 박대를 받았어. 을사조약의 부당함을 알리려고 갔는데, 을사조약으로 이미 외교권을 빼앗겨서 제 역할을 못한 이 어처구니없는 상황.

 그래서요? 그냥 돌아왔어요?

아니. 외국 언론과 인터뷰도 하고, 회의장 주변에서 일제의 침략을 알리려고 노력했어. 그래도 잘 안 되자 특사 중 한 명인 이준은 화병이 생겨 죽었다고 해.

헤이그에 특사 보낸 고종 황제 심정이 참 심란하셨겠네요.

그랬겠지. 하지만 헤이그에서 문전 박대를 받은 것보다 더 심란한 일이 국내에서 벌어졌어. 헤이그에 특사를 파견했다는 게 알려지자 일제가 고종을 황제 자리에서 강제로 끌어내렸어. 이씨, 너 황제 하지 마, 이런 거야. 고종 황제 강제 퇴위에 발 벗고 나선 인물이 이완용이었지. 일제는 그것도 모자라 대한 제국의 군대를 해산시켜 버렸어. 외교권에 이어 군사권도 빼앗은 거야.

아, 정말 이완용은 끝까지 매국질하셨네요.

매국질이 뭐니, 표현을 좀 바르고 부드럽게 하도록 노력하자. 끝까지 나라를 팔아 드시는 행위를 하셨군요, 이렇게.

안 웃겨요. 그나저나 그런 이완용이 왜 한국을 빛낸 100명의 위인 노래에 들어 있는 거예요? ♪안중근은 애국 이완용은 매국 역사는 흐른다~

그 곡의 작사가가 한국을 빛낸 위인 99명을 뽑았는데, 마지막 한 명이 모자랐대. 그래 엄청 고심하고 있는데, 누가 옆에서 한국을 빛낸 위인은 아니지만 한국을 팔아먹은 위인을 넣자고 하면서 이완용을 추천했대. 그래도 그렇지, 이런 위인까지 넣어야 하나 고민하던 작사가는 숫자를 채우기 위해 넣었대.

헐. 그걸 저더러 믿으라고요?

미안^^. 잘하고 못하고를 떠나서 우리 역사에서 큰 흐름을 결정지은 인물을 넣다보니 들어갔겠지. 오늘은 여기까지.

일제는 을사조약을 강제로 맺어 우리의 외교권을 빼앗았다. 을사조약을 맺을 때 활약한 다섯 명의 대신들을 을사오적이라고 한다. 고종은 을사조약의 부당함을 알리기 위해 네덜란드 헤이그에서 열리는 만국 평화 회의에 세 명의 특사를 파견했는데 그 분들은 외교 권이 없다는 이유로 문전 박대를 당했다고 한다. 아무튼 그래서 고종은 강제로 황제 자리에서 덜려나고 군대도 해산당해 나라가 망하게 생겼다고 한다. ※ 네가 만든 오자 때문에 나라 망하겠다!

13. 이토 히로부미, 딱 걸렸어

이 세상에는 두 가지의 인연이 있단다.
만나서는 안 될 인연과 만나야만 하는 인연.

엄마한테 들었어요. 너희 아빠랑은 만나서는 안 될 인연이었다고.
농담이에요. 오늘은 무슨 말씀을 하시려고 인연 이야기를 꺼내시나요?

안중근과 이토 히로부미의 만남.
두 사람의 만남은 어떤 만남이었을까?

안중근에게는 꼭 만나야만 할 인연이었을 테고,
이토 히로부미 입장에선 만나서는 안 될 인연이었겠죠?

우리 만남은
우연이 아니야.
그것은 우리의
숙명이었어.
이토 히로부미
정말
멋지십니다.

안중근은 왜 이토를 쏬어요?

 와우! 어떻게 알았지? 왜 이렇게 똑똑이가 된 거야? 혹시 요즘 역사 논술 과외하니?

과외는 아니고요. 며칠 전에 학교 숙제로 안중근과 이토 히로부미에 대해서 조사한 적이 있는데, 그게 조금 도움이 됐어요.

그럼 안중근과 이토 히로부미가 어떤 인물인지 알겠네.

네, 조금요. 안중근은 일제의 침략이 심해지자 교육 계몽 운동을 벌였어요. 그러다가 일제가 강제로 을사조약을 맺고, 우리나라 군대까지 해산하자 도저히 말로는 안 되겠다 싶어 무장 투쟁을 벌이기 위해 소련으로 갔어요. 거기에서 독립군을 만들어 일제와 전투를 벌였는데, 그러다가 이토를 죽이지 않으면 우리나라를 지킬 수 없다고 판단해 이토를 저격한 인물이에요. 이토 히로부미는 일본에서 총리까지 지낸 거물급 정치인이에요. 지난번에 아빠랑 을사조약 이야기할 때 이토 히로부미가 조약을 체결하기 위해 고종과 대신들을 협박해서 강제로 도장 찍게 만들었다는 말도 들었잖아요.

오늘 대화는 하나마나나겠는데?

왜요?

이미 많은 걸 알고 있으니까. 그래도 혹시 모르는 친구들이 있을지 모르니까 중요한 부분만 뽑아서 이야기해 보자. 안중근이 1909년

왜 죽였냐고?
우리의 주권을 빼앗은 죄?
명성 황후를 살해한 죄,
죄 죄 죄.
아,
부러진
총알.
일본 판사에,
일본 검사,
일본 변호사까지,
이게 재판입니까?
개판이지.

10월 26일 아침 만주 하얼빈 역에서 이토를 총으로 쐈는데, 왜 그랬을까?

당연히 이토 히로부미를 죽이려고 그런 거겠죠.

왜 죽이려고 했는데?

조선을 일본의 식민지로 만들려는 장본인이었기 때문에?

맞아. 이토 히로부미는 조선을 집어 삼키려는 계획을 세우고 실천한 사람이야. 그래서 안중근은 이토의 죄 몇 가지를 들어서 이토를 쐈다고 법정에서 주장했단다. 예를 들면, 명성 황후를 시해한 죄, 을사조약을 강제로 맺게 해 우리의 주권을 빼앗은 죄, 고종 황제를 강제로 퇴위시킨 죄, 우리 군대를 해산시킨 죄, 죄 없는 조선 민중을 잡아다 죽인 죄 등 열다섯 가지 죄를 들며, 그런 죄를 물기 위해 이토를 쐈다고 말했지.

그게 사실이라면 이토는 조선 사람들한테는 죽어 마땅한 사람이네요.

그렇지. 그래서 안중근은 한국과 중국, 일본이 평화롭게 살려면 조선과 만주를 침략하려는 이토를 제거해야 한다고 강하게 주장했어. 이토가 동아시아의 평화를 해치는 공공의 적이라면서.

이토 히로부미가 의적이라고요? 홍길동처럼?

의적이 아니라 공공의 적! 그런데 안중근과 이토는 왜 만날 수밖에 없는 인연이었을지 생각해 봤니?

이토는 왜 하얼빈에 간 거예요?

너무 어려운 질문이에요. 아, 근데 코딱지가 왜 이렇게 안 나오지?

어려우면 어려웠지 콧구멍은 왜 후벼? 콧구멍 후비면 답이 나오니? 코딱지만 나오지. 두 사람은 만날 수밖에 없는 인연이었어. 왜냐, 안중근이 이토를 만나기를 강력하게 원했거든. 안중근은 조선 침략의 원흉이 이토라 생각하고 반드시 그를 만나 죽여야겠다고 마음먹었어. 그런 바람이 두 사람을 만나게 해 주었단다.

너무 억지스러워요. 강력하게 원한다고 다 만나면 이 세상에 만나지 못할 사람이 누가 있겠어요?

강력하게 원하니까 만나기 위해 노력을 했지. 이토가 10월 26일 하얼빈 역에 도착한다는 정보를 입수하고, 어떻게 처단해야 할지 연구하고. 그렇게 노력을 한 결과 만나게 되었다는 말씀.

그나저나 이토는 왜 하얼빈에 간 거예요?

만주 땅을 갈라 먹기 위해 러시아 재무 장관과 회담을 하러 갔어. 그 당시 만주는 중국 땅이었는데, 러시아가 강제 점령해 빌려 쓰고 있었거든. 머지않아 조선을 식민지로 삼고, 만주도 야금야금 먹을 계획에 이토는 얼마나 마음이 부풀어 있었을까. 그런데 그 좋은 식단을 앞에 두고 고꾸라졌으니. 잘 알려진 얘기지만, 중요한 내용이니까 그날 아침의 장면을 한번 재구성해 볼까?

10. 26 이토 저격 사건의 재구성

안중근의 마지막 유언

이토를 쏘고 나서 안중근은 어떻게 됐어요?

대한 만세를 외치다가 현장에서 잡혀서 뤼순 감옥에 갇혔지.
그 뒤 법정에서 재판을 받고 다음 해인 1910년 3월 26일, 형장의
이슬로 사라졌단다.

형장의 이슬로 사라졌다는 게 무슨 뜻이에요?

사형장에서 죽었다는 말이야. 허무하게.

혹시 남긴 말이나 뭐 그런 건 없었나요?

없었어. 안중근이 독립운동 할 때 말 타고 다니진 않았으니까.

 에잇! 썰렁해요. 타는 말 말고 유언 같은 거 없었냐고요?

있었지. 순국 전날 동생에게 이런 유언을 남겼단다. 내가 죽은 뒤
나의 뼈를 하얼빈 공원 옆에 묻어 두었다가 우리 국권이 회복되거
든 고국으로 옮겨다오, 나는 천국에 가서도 우리나라의 독립을 위
해 힘쓸 것이다, 대한 독립의 소리가 천국에 들려오면 나는 마땅히
춤을 추며 만세를 부를 것이다, 이런 유언.

그 유언대로 됐나요?

일제가 어디다 묻었는지 알려 주지 않아서 광복이 된 뒤에도 안중
근의 유해를 찾지 못했어. 지금도 어디 묻혀 있는지 몰라. 그래서
서울의 효창 공원에 가면 윤봉길, 이봉창 의사 묘 옆에 이름만 있고

안중근
이봉창
윤봉길
백정기
허묘.
빈 무덤?
말하자면 그렇지.
언제쯤 안 의사
시신을 이곳에
모실 수 있을까.

시신이 묻혀 있지 않은 허묘가 있단다. 해방 뒤 김구 선생이 만들어 모셨는데, 그 묘의 주인이 바로 안중근이야.

시신은 없고 이름뿐인 허묘라니 정말 허무하군요.

너무 허무해 할 필요 없어. 안중근의 정신은 유관순, 윤봉길, 이봉창 등 조국의 독립을 위해 한 몸 바친 사람들에게 고스란히 전해졌으니까. 세기의 만남 이야기는 여기까지 할까? 그나저나 엄마가 만나서는 안 될 인연 운운했다니 많이 서운한걸. 아빠가 엄마를 얼마나 사랑하는데.

그러니까 엄마한테 더 잘해 보세요. 여자의 마음은 갈대라니까, 혹시 엄마가 우리의 만남은 운명이었어요, **호호호**, 할 줄 알아요? **헤헤.**

안중근은 조선 침략의 원흉이 이토라고 생각했다. 그래서 동양 평화를 위해 이토를 죽였다고 말했다. 그런데 이토가 죽고 동양 평화는 찾아오지 않았다. 그뒤 조선은 일본에 식민지가 되었다. 아참, 10월 26일은 그로부터 70년 년 뒤에 김재규가 박정희 대통령을 총으로 쏴 죽인날이기도 하다. 10월 26일은 참 역사적인 날 같다.

14. 3·1 운동 완전 정복

만세!
만세!
그날의 함성이 제 귀에 들리는 것 같아요.
힙합 부르는 스타일의 요! 한숨 대신 함성으로! 이것이 3·1 운동의 실체였지.

기다리고 기다리던 복수혈전 역사 퀴즈 시간이 돌아왔습니다. 짝짝짝.

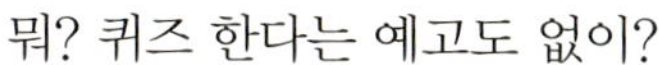

뭐? 퀴즈 한다는 예고도 없이?

준비된 작가라면서요. 언제든지 좔좔좔 답할 수 있다고 하셨잖아요.

그야 그렇지. 좋아. 네 친구들한테 도움이 되는 역사 상식이라면 기꺼이 받아 주지. 오늘의 주제는?

다 아시면서. 3·1 운동이잖아요. 퀴즈 진행 방식을 알려 드릴게요. 패스와 전화 찬스 한 번 쓸 수 있고요, 기권 받아 줍니다. 그럼 바로 시작하겠습니다.

잠깐 있어봐. 3·1 운동이 일어나게 된 배경이나 뭐 이런 사전 정보는 알려 줘야지.

사전 정보 따위는 필요 없어요. 퀴즈 푸는데 사전을 보고 하면 커닝이죠.

그 사전이 아니라 문제 풀기 전에 미리 알려 주는 정보. 3·1 운동의 배경이랄까.

자신 있습니까?
어서 문제나 내!

3·1 운동은 왜 일어났나요?

3·1 운동 배경도 문제에 다 있으니까 문제만 잘 풀면 처음부터 끝까지 완벽하게 이해할 수 있을 거예요. 문제 나갑니다.

1. 1910년 일제 식민지가 됐습니다. 일제는 처음에 조선을 어떤 방식으로 통치했을까요?

① 헌병 경찰을 활용한 무단 통치

② 문화 예술을 위주로 하는 문화 통치

③ 민족성을 말살하는 민족성 말살 통치

④ 조선인에게 자치를 허용한 자치 통치

첫 문제라고 거저 주네. 정답은 1번 헌병 경찰 통치.

맞았습니다. 일제는 식민지 시작과 함께 군인들의 경찰인 헌병을 동원해 조선인을 억압했습니다. 그래서 1910년부터 1919년까지를 헌병 경찰 통치 시대 혹은 무단 통치 시대라고 하죠. 문화 통치는 1920년대, 민족성 말살 통치는 1930년대 이후의 통치 스타일을 말합니다.

잘 읽네. 마치 안 보고 하는 거처럼^^.

읽는 거 티 나요? 에이, 좀 더 자연스럽게 해야겠다. 2번 문제입니다. 3·1 운동은 일제의 억압을 받아 오던 우리 민족이 독립을 이루고야 말겠다는 의지를 만천하에 밝힌 저항 운동이었습니다.

2. 3·1 운동이 일어난 배경에 해당하지 않는 것은?

①미국 대통령 윌슨의 민족 자결주의 선언

②고종 황제의 죽음과 장례식

③일본 동경 유학생 2·8 독립 선언

④유관순의 아우내 장터 만세 시위

4번, 아우내 장터 시위. 유관순이 활약한 아우내 장터 시위는 3·1 운동이 일어난 지 한 달 뒤에 일어난 사건이잖니. 하하. 이러다가 아빠가 다 맞추면 청소, 설거지, 안마 쿠폰 다 받아야 하는 거 알지?

좋아하시기엔 아직 이른 거 같은데요. 3·1 운동은 미국 대통령이 식민지 나라들도 민족 스스로 운명을 결정할 수 있다는 선언을 해서 우리 독립운동가들이 힘을 얻었다고 하죠. 그리고 그런 분위기를 타고 일본에서 우리 유학생들이 2·8 독립 선언을 했고요. 고종 황제가 갑자기 죽자 독살 됐을 거란 소문이 돌아 3·1 운동에 많은 사람들이 참여했대요. 그럼 3번 문제 나갑니다. 3·1 운동은 민족 대표 33인이 탑골 공원에 모여서 최남선이 쓴 독립 선언서를 낭독하면서 시작하려다가 폭력 시위가 벌어질까봐 인사동에 있는 태화관이라는 음식점에서 독립 선언서를 낭독한 뒤에 일본 경찰에 스스로 체포되었답니다. 민족 대표는 종교 지도자가 중심이 되었는데요,

3. 참여하지 않은 종교는 무엇일까요?

①기독교 ②천주교 ③천도교 ④불교

삐익! 2번 천주교. 개신교인 기독교는 참여했는데, 천주교 대표는 참여하지 않았어. 천주교는 식민지 내내 독립운동에 뜨뜻미지근한 태도를 보였고, 오히려 독립운동가들을 비난하기도 했지. 오늘날 천주교 내에서 그 점을 반성하고 있단다. 불교의 대표는 한용운, 천도교 대표는 손병희. 천도교는 동학이 변화한 거고. 이거 뭐, 누워서 식은 죽 먹기 아냐?

누워서 식은 죽 먹는 게 얼마나 어렵다는 걸 체험해 보셔야겠네요. 다음 문제입니다. 유관순은 천안 아우내 장터에서 만세 운동을 벌

이다 체포됐습니다. 아버지, 어머니는 만세를 부르다 총칼에 찔려 죽었고요. 유관순은 이후 7년형을 선고 받고 서대문 형무소에 갇혔다가 그곳에서도 만세를 부르다가,

문제가 좀 길다. 유관순에 대해서 할 이야기 다 나온 거 같고.

4. 감옥에서까지 만세를 부르다 고문을 당해 죽은 3·1 운동의 꽃 유관순 누나의 생일은 언제일까요?

①3월 15일 ②4월 8일 ③8월 16일 ④12월 16일

 휴······

 오, 사, 삼, 이……

잠깐. 이게 문제야? 중요한 문제가 전혀 아니잖아.

문제는 제가 냅니다. 그리고 제 친구들 중에 3월 1일이 유관순 생일인줄 알고 있는 친구들도 많다고요. 그러니까 알려 줘야 해요.

어처구니가 없네. 알았다. 3번?

일제는 3·1 운동을 어떻게 탄압했나요?

땡! 4번입니다. 전화 찬스 쓰셔도 되는데. 역사책 작가께서 그 정도 역사 상식을 모르시나요? 자, 제가 지난번에 받았던 청소 쿠폰 도로 받으시고, 한우 꽃등심 외식 상품권 내놓으시고요. 5번 문제 나갑니다. 3·1 운동 당시 일제는 경기도 화성에 있는 교회에 사람들을 불러 모아 놓고 문에 못질을 한 다음 기름을 붓고 불을 질렀습니다. 서른 명이 넘는 마을 사람들이 죽은 사건이 일어난 교회 이름은,

정답! 제암리 교회.

문제를 끝까지 듣고 정답 말씀해 주세요. 일제는 제암리 교회에 마을 사람들을 가둬서 불태워 죽였는데요,

5. 그 교회는 어떤 종파에 속한 교회였을까요?

①장로교회 ②성결교회 ③침례교회 ④감리교회

점입가경이군. 갈수록 기가 차다. 지금 네가 내는 문제는 꼭 알아야
할 필요까지는 없는 문제야.

역사책을 쓰시는 작가라면 역사 탐방 하셨을 텐데 그 정도 취재는
하셨을 거 아녜요? 억울하면 기권하세요.

잠깐 기다려봐. 전화 찬스 쓸게.……………… 여보, 난데, 어, 그래.
지난번에 제암리 갔을 때, 그렇지. 고마워. 정답. 1번 장로교회.

땡! 제암리 교회는 감리교회입니다. 아싸! 설거지 쿠폰 받으시
고요, 책과 영화 쿠폰 득템! 이제 전화 찬스는 다 쓰셨고요. 마지막
문제 나갑니다. 아주 중요한 문제니까 집중하세요. 3·1 운동은 1919
년 3월과 4월에 집중적으로 일어났고 한 해 동안 쭉 이어졌는데요,
총 1,542회의 시위와 총 2백여 만 명이 참여한 우리 민족 최대의 독
립운동이었습니다. 일제는 평화적인 시위를 총칼로 무자비하게 탄
압했지만 조선인들은 죽음을 무릅쓰고 만세를 불렀습니다. 3·1 운
동 결과 일제는 우리 민족을 더 이상 무단 통치로 다스릴 수 없다고
판단해 문화 통치로 바꾸었고요, 아시아 각지에서 자극을 받은 나라
들이 민족 운동을 전개했습니다. 그리고 무엇보다 중요한 건 3·1
운동의 뚜렷한 구심점이 없어서 운동을 더 잘 벌이지 못했다고 판단
해 상해에 임시 정부가 세워진 것입니다. 상해 임시 정부는 1945년
광복 때까지 우리 민족의 독립을 위해 다양한 활동을 벌였는데요,
상해 임시 정부가 있던 곳의 중국 주소는? 직접 써주세요.

어이없다. 임시 정부가 있던 곳 주소가 그렇게 중요해? 이건 아빠를 못 맞추게 하려는 꼼수야, 꼼수. 패스!

마지막 문제라 패스는 쓸 수 없게 됐습니다. 헤헤. 이로써 2박 3일 국내 여행 상품권 주시고, 청소, 설거지, 빨래, 요리 4종 세트 모두 차지하게 되시겠습니다. 축하합니다.

재강아, 아무리 복수혈전 역사 퀴즈 어쩌고 해도 이건 너무 해. 이 정도 문제는 역사 학자가 아니라 『삼국사기』를 지은 김부식이 살아와도 못 맞출 거야. 한 문제만 물리자.

물리긴 뭘 물러요? 아들이랑 약속 했으면 지키셔야죠. 그렇게 물러터지니까 책이 안 팔리는 거예요. 오늘은 재강이 덕분에 근사한 데서 외식하겠네. 호호호.

당신은 답 잘못 알려 줘 놓고 무슨 할 말이 있다고.

엄마 핑계 대지 마세요. 아, 오늘 저녁은 한우 꽃등심으로 먹어 볼까요?

15. 독립운동의 세 갈래길에서

오늘은 3·1 운동 이후 우리 민족이 어떤 방식으로
독립운동을 벌였는지 이야기해 보자.

만세 부르는 거 말고 다른 뾰족한 방법이 있었나요?

그럼. 여러 갈래길이 있었지. 가령, 일제와의 싸움을
장기전으로 보고 실력을 기른다든가, 독립군을 만들어
일본 군과 맞짱을 뜬다든가, 또는 일제의 식민 통치 기구나
일제 고위 관리에게 폭탄을 던진다든가.
정리하자면, 펜이냐, 총이냐, 폭탄이냐!

어떤 운동이 독립을 이루는 데 효과적인 방법이에요?

한마디로 딱 꼬집어 얘기할 수 없어.
실력을 기르는 것도 중요하고, 총 들고 싸우는 것도
필요하니까. 중요한 건 방식은 달랐지만 우리 민족은
일제 식민지가 된 그날부터 해방을 맞은 날까지
단 하루도 일제와 싸우지 않은 날이 없었다는 사실이야.

이래봬도
내가 우리 반 제일의
새총 저격수라고.
맛 좀 뵈리, 압!

실력을 기르면 독립이 되나요?

 새총은 집어치우고, 본론으로 들어가자. 실력 양성 운동부터 이야기하자면, 실력 양성 운동은 우리 민족의 실력을 길러 앞으로 있을 독립을 준비하자는 운동이었어. 아는 게 힘이다, 이런 거지.

나라를 되찾는 일이 하루가 급한데 언제 실력을 길러서 언제 독립을 해요.

그렇다고 우리나라 사람들 모두 만주로 가서 총 들고 싸울 수는 없잖니. 국내에 남아 있는 상황에서 그나마 그런 방식으로라도 독립 운동을 했다는 게 대단한 거지.

실력 양성 운동이 구체적으로 어떤 거예요?

우리 민족 스스로 실력을 길러 빼앗긴 나라를 되찾자는 거야. 경제력을 키우거나, 교육을 통해 독립 의식을 불러일으켜 독립운동가들을 길러 내거나. 교육 운동을 강조한 사람들은 이렇게 생각했어. 힘써서 배우고 배워서 힘쓰자! 그래서 대학을 만드는 운동도 벌이고, 야학을 열어 배우지 못한 사람들에게 조선어와 우리 역사를 가르쳤단다. 우리 민족이 돈이 많아야 독립을 이룰 수 있다고 생각한 사람들은 우리가 만든 물건을 쓰자는 국산품 장려 운동을 벌였어. 이런 운동은 일제 강점기 전 국권을 회복하기 위해 교육에 힘썼던 애국 계몽 운동과 맥을 같이 해.

그래서 그런 운동이 효과를 좀 봤나요?

성공을 거두진 못했어. 총 들고 싸우는 것도 아닌데도 일제가 그런 운동까지 탄압했거든. 그래서 무장 투쟁을 주장한 사람들은 빼앗긴 나라를 되찾으려면 총을 들고 직접 일제와 싸워서 나라를 되찾아야 한다고 생각했어.

제 생각도 그래요. 도둑이 들어왔으면 몽둥이로 때려잡아야지 교육은 무슨 교육이에요?

문제가 그렇게 단순하지 않아. 국내는 이미 일본 경찰과 군인들이 우리 민족을 철저하게 감시하고 있는 상황이었기 때문에 대놓고 일제와 싸우는 게 쉽지 않았어. 그래서 무장 투쟁을 벌이려는 사람들은 만주로 가서 독립군 부대를 만들었지. 이제 이야기 하려는 김좌진과 홍범도 장군도 그런 사람들이었어.

청산리 대첩의 김좌진 장군 이야기는 책으로 한 번 봤어요.

그랬구나. 그 전투는 워낙 유명하니까. 그런데 그에 못지않게 유명한 전투가 바로 홍범도가 활약한 봉오동 전투인데, 홍범도는 청산리 전투에서도 아주 큰 공을 세웠단다.

청산리 전투는 김좌진이 대활약한 전투라고 들었는데요.

물론 김좌진 부대가 큰 활약을 펼쳤지. 하지만 엄밀히 말하면 홍범도 부대와 연합해서 큰 승리를 거둔 거야.

청산리 전투가 뭐예요? 혹시 청산가리를 발사해 일본 군을 격파한

전툰가요?

 그게 아니고, 청산리는 만주에 있는 조선인이 모여 사는 마을인데, 1919년 10월, 청산리 일대에서 일본 군을 대파했다고 해서 청산리 대첩이라고 부른단다. 일주일 동안 일본 군과 10여 차례 전투를 벌였는데, 특히 첫날 벌어진 백운평 전투에서 김좌진 부대가 매복과 기습 작전을 펼쳐 일본 군을 박살낸 건 유명하지. 1천 명이 넘는 일본 군을 사살한 청산리 전투는 우리 독립 전쟁사에서 최대의 승리로 기록돼 있단다.

폭탄으로 사람을 죽이면 테러 아닌가요?

그런 기세라면 당장 일본 군을 몰아내고 독립을 이뤘겠네요?

불행하게도……. 독립군이 강했던 만큼 일본 군도 더 강력하게 독립군을 탄압했거든. 그래서 국내와 가까운 만주 일대에서 무장 투쟁을 벌이기가 점점 더 어려워졌단다. 그래도 우리 독립군은 해방이 될 때까지 만주와 중국 내륙에서 끊임없이 일본 군과 맞서 싸웠어. 그 와중에 무장 투쟁보다 의열 투쟁이 더 효과적이라고 생각했지.

무장 투쟁은 알겠는데, 의열 투쟁은 뭐예요?

일본 천황이나 총독, 일제의 식민 통치 기구에 폭탄을 던지는 거.

그건 테러 아닌가요? 오사마 빈 라덴 같은?

당하는 입장에서는 그렇게 얘기할 수도 있겠지. 하지만 한번 생각해 보자. 나라를 잃고, 군대도 없는 민족의 입장에서 그 투쟁 방법밖에 없다면 어쩌겠니? 그래도 테러라고 비난할 수 있을까?

그건 아니죠. 자기들이 먼저 남의 나라를 빼앗았으니까.

그러니까 안중근이나 김구 같은 독립운동가를 테러리스트다 어쩌다 비난하는 건 뼛속까지 친일인 사람들이나 할 소리 같아. 물론 요즘 세계 각국에서 벌어지고 있는 폭탄 테러는 생각을 해 볼 필요가 있어. 종교와 인종이 다르다고 폭탄 테러를 반복하면 세계 평화는 점점 더 멀어지겠지. 그래서 아빠도 어디까지가 정당한 의거이고,

어디까지가 비난 받아야 할 테러인지 판단하기 어렵구나.

 어렵긴 뭐가 어려워요. 나라를 되찾기 위해 폭탄을 던지면 의거, 아니면 테러죠.

아빠도 너처럼 단순했으면 좋겠다. 아무튼 일제 강점기 의열 투쟁은 김원봉이 이끄는 의열단과 김구가 이끄는 한인 애국단 소속의 열사들이 큰 활약을 펼쳤어. 재강이 너도 상하이 훙커우 공원에서 물통 폭탄을 던져 일본 군 대장과 고위 관리를 죽인 윤봉길 의사에 대해 알거야. 일본 천황이 타고 가는 마차에 수류탄을 던진 이봉창 열사 이야기도. 그분들이 의열 투쟁으로 조선의 독립 의지를 전 세계에

보여준 분들이지.

의열 투쟁을 벌인 열사들은 어떻게 됐어요?

대부분 현장에서 붙잡히거나 체포돼 사형을 당했지. 그분들은 뻔히 붙잡힐 줄 알면서도 기꺼이 폭탄을 던졌고, 붙잡히면 죽는다는 걸 알면서도 폭탄 던지는 걸 주저하지 않았어. 재강이 너라면?

자꾸 묻지 마세요. 하나밖에 없는 아들한테. 이제부터 새총 치워 두고 열심히 공부할래요. 저는 공부가 체질인 거 같아요. 헤헤.

16. 짧은 해방 긴 분단

이 얼마나
꿀맛 같은
해방인가.

이 땅이
뉘 땅인데
오도 가도 못하게
하느냐.

광복됐다고
좋아했는데….

38선으로
분단돼서
좋다 말았지.

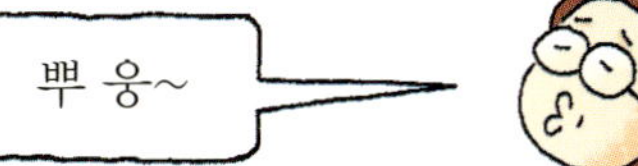
뿌 웅~

시작부터 웬 방귀 소리에요?

어둡고 긴 식민지 터널을 막 빠져나와 해방의
기차역에 닿는 기적 소리라고나 할까? 우리 민족이
드디어 일제의 긴 압제로부터 벗어났는데,
해방은 결정적으로 외부의 도움으로 찾아왔어.

외부의 도움에 의해서 찾아왔다는 게 무슨 말이에요?

8·15해방 며칠 전에 히로시마와 나가사키에 원자탄이
떨어졌고, 일본은 핵폭탄 두 방에 더 이상 버티지 못하고
미국에 항복을 했어. 그와 동시에 우리에게 해방이 찾아온 거니까
100% 우리 힘으로 나라를 되찾았다고 할 수 없지.

모로 가도 서울만 가면 된다잖아요.
어쨌든 해방이 됐으니 된 거죠 뭐.

과연 그럴까? 문제가 그렇게 간단하지 않았단다.

히로시마

남과 북은 왜 분단됐어요?

해방이 되면 기쁜 일만 있을 줄 알았는데, 뭔가 슬픈 분위기가 느껴지는 말씀이네요.

그렇단다. 해방이 되었지만 미국과 소련에 의해 분단됐고, 남과 북이 서로 싸우다가 급기야 전쟁까지 치렀으니까 참 슬픈 일이지.

이게 다 일본 때문이네요. 식민지만 아니었어도 분단될 일도 없고 전쟁을 하지 않았을 거 아니에요.

후회해 봐야 소용없지. 하지만 그런 일이 있었다는 걸 알아야겠지. 그래야 똑같은 실수를 반복하지 않을 테니까. 그건 그렇고 오늘은 해방 이후 대한민국 정부를 수립하기까지 3년 동안의 역사에 대해 이야기할 거야. 해방이 되고부터 지금까지를 현대사라고 하는데, 그 3년이 현대사에서 가장 혼란한 시기였어. 그 격동의 3년을 지금부터 이야기합니다~.

어서 본론으로 들어가죠. 앞에서 아빠가 구라를 너무 많이 푸시는 바람에 시간이 없어요.

재강 군, 구라라는 표현은 좋은 표현이 아니에요. 말씀하시느라, 라고 해야죠.

아빠가 그런 단어를 쓰니까 애가 따라하죠. 아유, 창피해 정말.

아, 알았으니까 다들 들어가세요. 다 제 잘못입니다. 어디까지

했더라, 그렇지. 해방의 기쁨을 다 누리기도 전에 한반도 허리에 38도선이 그어져 분단된 얘기부터 해야겠다.

일제가 망하기 전부터 미국과 소련은 한반도를 반씩 나눠 통치하기로 약속을 했단다. 그래서 해방이 되자마자 남쪽에는 미군이, 북쪽에는 소련군이 들어왔지. 그때부터 남쪽은 미군이 다스리는 미군정 시대를 맞게 되었단다.

일본 군 물러가자마자 미군과 소련군이에요? 그것도 남북을 갈라놓고?

그들의 말대로 조선이 새로운 정부를 수립하는데 도움을 주기 위한 거라면 참을 수도 있는 거겠지. 하지만 그들의 목표는 처음부터 그게 아니었어. 그들이 의도한 건 남과 북에 자기들 입맛에 맞는 정부를 세우는 거였어. 미국은 남쪽에 자본주의 조선을, 소련은 북쪽에 공산주의 조선을 세우려 한 거야. 그러다 결국 5년 뒤에 남과 북이 동족상잔의 전쟁을 치르게 된 거란다. 분단이 된 건 우리 힘으로 독립을 이루지 못한 결과이기도 해. 그래서 임시 정부를 이끌던 백범 김구는 일제가 패망했다는 소식을 듣고 한숨을 쉬었다고 해. 강대국 입김에 휘둘릴 것을 예상하고서 말이야.

그럼 해방되고 나서 우리 민족은 그냥 손 놓고 있었어요?

좌우 대립이 무슨 말이에요?

아니야. 해방 전 여운형이라는 독립운동가는 일제가 패망하리라는 걸 예상하고 건국 동맹이라는 조직을 만들었단다. 해방이 되면 바로 행정과 치안을 맡으려고. 그리고 실제로 해방 다음날 건국 동맹을 건국 준비 위원회로 바꿔 전국의 치안과 행정을 맡았어.

와! 대단한 선견지명이시네요.

그렇다고 할 수 있지. 여운형이 만든 건국 준비 위원회는 전국에 지부를 두고 새 정부 수립을 향해 일했지. 그런데 가을이 되자 해외에서 독립운동을 하던 독립운동가들이 하나둘 들어오기 시작하자 정국은 소란스러워지기 시작했단다. 미국에서 이승만이 들어오고, 중국에서 김구와 임시 정부 요인들이 들어오고, 북한으로 김일성과 항일 무장 투쟁을 벌이던 독립운동가들이 들어오고, 이렇게 되니까, 이건 뭐 조그만 한반도가 혼란의 도가니가 돼 버렸지.

뭐가 혼란스럽다는 건지 혼란스러운데요. 독립운동가들 들어와서 나라 세우면 되는 거 아닌가요?

새로운 나라를 세워야 하는데, 저마다 생각이 달랐기 때문이야. 나는 이런 나라를 세우겠다, 나는 저런 나라가 좋다, 이랬으니 혼란스러웠던 거지. 그런데 이번에도 외부의 힘 때문에 큰 문제가 생겼어. 해방이 되던 해 12월 모스크바에서 불어 닥친 폭풍 때문에 한반도 전체가 극한 혼란 속으로 빠져 들었단다.

시베리아의 차가운 폭풍 때문에 농작물 피해를 많이 입었나보죠.

그게 아니고, 모스크바에서 미국과 소련, 영국의 외무 장관이 회의
를 해서 조선에 임시 정부를 세우고 신탁 통치를 하기로 결정했는

데, 이것 때문에 정치적 폭풍이 불어닥쳤다는 말이야.

 신탁 통치가 뭔데요?

미국과 소련 등 강대국이 조선이 정부를 세울 때까지 공동으로 통치하겠다는 거.

말도 안 돼요. 일제 식민지에서 겨우 벗어났는데, 또 강대국의 통치를 받으라고요?

신탁 통치 안이 발표되자 조선 사람 대부분이 너처럼 분개했어. 하지만 아빠가 앞에서 뭐라 그랬니. 우리 힘으로 독립을 이루지 못해서 강대국 입김에 휘둘렸다고 했지. 그러니까 엄연한 국제 질서를 무시할 수도 없는 상황이었지. 어쨌거나 온 민족이 떨쳐 일어나 일치단결 신탁 통치에 반대했어. 그런데 갑자기 좌익 쪽에서 신탁 통치를 찬성하고 나온 거야.

좌익이 뭐 하는 사람들인데 왜 찬성을 해요?

좌익이 뭐냐 하면, 그러니까, 좌익이란, 이를테면……,

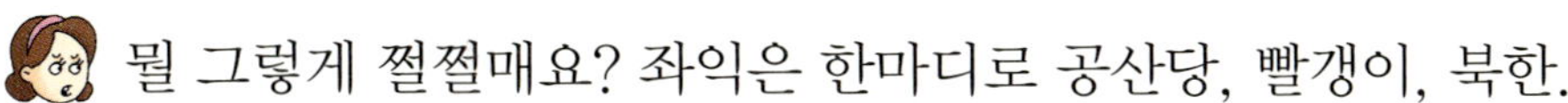 뭘 그렇게 쩔쩔매요? 좌익은 한마디로 공산당, 빨갱이, 북한.

그렇다고 칩시다. 어쨌거나 좌익은 공산주의 사상을 가진 사람들을 말하는데, 소련에서 신탁 통치를 지지하라는 명령을 내렸대. 그래서 지지하기 시작한 거란다. 그때부터 남한 사회는 신탁 통치 반대냐, 찬성이냐를 놓고 격한 대립을 보였단다. 대립이라기 보단 전쟁이라고 봐야 해. 다음 해 3·1절 기념식을 좌익과 우익이 따

로 할 정도였으니까.

 저는 신탁 통치 결사반대예요.

그 땐 미국과 소련의 입김 때문에 우리 민족 맘대로 뭘 결정하고 말 상황이 아니었어. 따라서 무조건 반대하거나 무조건 찬성하기 보단 좌우가 힘을 합쳐 미국과 소련을 이용하면서 하나의 정부를 수립하려는 노력을 기울였어야 했단다.

그렇게 쉬운 거 하나 하지 못하고 어렵게 싸우기만 한 거예요?

그러게나 말이다. 어쨌거나 조선에 임시 정부를 세우기 위해 미국과 소련이 만나서 회의도 하고, 좌익과 우익이 힘을 합쳐 새 정부를 구성하려는 노력도 있었지만, 남한 사회가 워낙 좌우익 갈등이 격하다 보니 미국이 조선 문제를 유엔으로 넘겼어. 유엔에서 해결하자고.

남과 북에 왜 두 개의 나라가 생긴 거예요?

참 이상해요. 말로 하면 되지 왜 그렇게 싸우고 난리를 피우는 건지.

그러게 말이다. 그러다가 이승만이 남한만이라도 단독 정부를 세우자고 주장하자 또 찬성파 반대파로 나누어 갈등을 겪고, 김구는 분단만은 막겠다며 38선을 넘어 북으로 가서 김일성을 만나고, 아이고, 정말 혼란의 도가니였다니까. 그러다 결국 남한만이라도

총선거를 실시해 단독 정부를 수립한다는 계획이 발표되고, 이에
반대한 제주도민들이 단독 선거, 단독 정부 반대 운동을 벌이자 이
승만과 미군정은 제주도민 모두가 빨갱이라며 제주도 인구의 10분
의 1을 죽이고, 그러다가 결국 총선거를 실시하고, 대통령을 뽑고,
마침내 1948년 8월 15일 대한민국 정부를 수립했단다. 헉헉, 아이
고 숨차다.

잘 이해는 안 되지만 해방 뒤에 무척 혼란했고, 혼란의 와중에 대한민국이 탄생한 거군요.

그렇단다. 남한에서는 자본주의 나라인 대한민국이 탄생하고, 북한에서는 공산주의 나라인 조선민주주의인민공화국이라는 다소 긴 이름의 나라가 현대사의 무대에 등장한 거란다.

일제 식민지 36년 만에 두 나라가 된 거네요.

그렇지. 하나 알고 가야 할 건, 그 시기 좌우익의 갈등이 오늘날까지 이어져 온다는 사실이야. 물론 그 갈등은 한국 전쟁을 치르고 심화되긴 했지만 해방 뒤 일어났던 좌우익 갈등에서 본격적으로 시작됐다고 봐야 해. 요즘 인터넷에 좌빨(좌익 빨갱이의 줄임말)이니, 수꼴(수구꼴통)이니 하는 말이 있지? 그 뿌리가 해방 후에 생겨났다는 거지. 그리고 또 하나. 이승만 정부는 해방 후 민족 최대의 숙제 하나를 제대로 풀지 못했기 때문에 지금까지 불행의 씨앗이 커져 왔단다.

불행의 씨앗이 뭔데요?

친일파를 제대로 청산하지 못한 것. 이승만 정부는 친일 경찰과 관료를 그대로 정부 고위직에서 일하게 하는 바람에 친일파 청산의 기회를 놓쳐 버렸어. 현대사의 뼈아픈 부분이지.

아빠 혹시 좌빨 아니에요? 건국의 아버지 이승만 대통령을 안 좋게 얘기하시다니.

아빠 좌빨도 아니고 수구꼴통도 아니에요. 그저 자유를 사랑하는 합리적 이성주의자이자 보수와 진보를 다 아우르는 통합형 중도주의자라고나 할까.

좋은 건 다 갖다 붙이시네요. 누가 Ctrl+V의 달인 아니랄까봐.

Ctrl+V 라니?

찍어다 붙이기요. 한글 워드 작업 할 때 사용하는 거요. 헤헤.

17. 이승만과 김일성의 위험한 불장난

한국 현대사 최대의 비극이 뭔지 아니?

글쎄요, 제가 수학 시험에서 40점 받은 거?

그건 이재강의 비극이고.
우리 민족의 가장 큰 비극은 남한과 북한이 전쟁을
벌인 거야. 해방이 되고 5년 뒤에 일어난 일이지.
3년 동안 이어진 전쟁에서 수백만 명이 죽거나 다쳤단다.

누가, 왜 6·25 전쟁을 벌인 거예요?

북한과 남한이 서로 자기식대로 통일을
이루려다가 전쟁을 벌였어. 물론 전면적인 전쟁은
북한의 기습 남침으로 시작됐지만.

남조선이
먼저 도발을
해 와가지고…
어처구니없는 소리.
기습 남침
해놓고는…
북
남

6·25전쟁은 왜 일어났어요?

 전쟁을 피할 수는 없었나요?

어떻게든 전쟁을 일으키겠다고 마음먹고 쳐들어오는 걸 어떻게 피하겠니? 1948년 남과 북에 각기 다른 성격의 정부가 들어서면서 전쟁은 어느 정도 예견된 것이었어. 그래서 김구는 남과 북이 따로 정부를 세우면 전쟁이 일어날 것이라고 경고하며 그것을 막으려고 북한에도 갔다 오고 그랬지. 그래도 자기 지역에서만이라도 나라를 세워 권력을 차지하겠다는 욕심꾸러기들 때문에 남과 북에 두 나라가 들어섰고, 그 두 나라가 전쟁을 벌이게 된 거란다.

남과 북의 욕심꾸러기들이 누구예요?

북한의 김일성과 남한의 이승만. 김일성은 북한을 건국하고 나서 남한 지역을 포함해 한반도를 완전히 통일하겠다, 반면 이승만은 북진통일을 부르짖었어. 이랬으니 서로 만나서 정치 협상을 통해 통일을 하긴 어려웠지. 두 나라는 성격이 너무 달랐으니까. 한쪽은 자본주의, 한쪽은 사회주의. 그래서 김일성은 소련과 중국의 동의와 지원을 받은 뒤 남침한 거야.

그래서 우리 국군은 어떻게 했어요?

일요일 새벽의 기습이어서 속수무책으로 당했지. 전방에 근무하던 군인들 중에 휴가 나온 군인들도 많았고. 게다가 북한군은 최신식

소련제 탱크로 무장하고 있어서 우리 국군이 방어하기 어려웠다고
해. 그래가지고 북한군이 남침 사흘 만에 서울에 쳐들어왔단다.

서울은 지금 제가 사는 곳인데, 3일 만에 서울을 쳐들어오다니, 너
무 불안한데요.

 지금 전쟁이 나면 그때와는 전혀 다른 엄청난 피해를 입게 될
거야. 절대 그런 일이 일어나면 안 되겠지. 어쨌거나 전쟁이 터지자
이승만 정부는 국민들한테는 안심하라고 하고 자기들은 남쪽으로
피난을 갔지.

대통령이 국민을 속이고 자기만 도망갔다고요?

그랬단다. 뭐 역사적으로 새로운 것도 아니야. 임진왜란 때 선조도
그랬고, 병자호란 때 인조도 그랬으니까.

그래서요? 사흘 만에 서울을 점령당했으면 북한군에게 패배한 건
가요? 지금 제가 대한민국에 살고 있는 거 보면 북한이 이긴 것 같
진 않은데.

누가 이기고 지고 한 게 없어. 굳이 따지자면 무승부? 공연히 같은
민족끼리 싸우다가 사람만 죽어난 거지.

전쟁을 얼마 동안 벌였는데요?

1950년에 시작돼서 1953년 휴전했으니까 만 3년? 전쟁이 어떻게
전개됐는지는 아빠가 간단하게 정리해 볼게.

여기서 밀리면 부산. 부산이 점령되면 바다. 1950년 9월 초 상황이야. 북한군이 서울을 점령하고 대전을 지나 낙동강까지 밀고 내려왔어. 국군과 유엔군이 필사적으로 막고 있지.

유엔군 사령관 맥아더가 9월 15일 인천 상륙 작전을 펼쳤어. 9월 28일에 서울을 수복하고 북으로 진격할 태세 완료!

154

 서울 수복 후 국군과 유엔군은 휴전선을 넘어 개성, 평양, 그리고 압록강 근처
에까지 다다랐지. 북한을 거의 다 점령할 즈음 중국 공산군이 압록강을 건너
밀고 내려왔어. 그래서 1951년 1월 4일. 1·4후퇴가 벌어져. 다시 남으로!

후퇴하던 국군과 유엔군은 오늘날 휴전선 부근에서 북한군과 대치한 채 휴전
협상을 시작했어. 그리고 협상 2년 만에 휴전에 합의했지. 1953년 7월 28일.
이상 한국 전쟁 브리핑 끝.

전쟁 때문에 얼마나 큰 피해를 입었나요?

그러니까 결국 38도선이 있던 곳에 휴전선이 자리 잡은 거네요?

몇몇 도시는 주인이 바뀌었어. 이를테면 전쟁 전에 남한이었던 개성은 북한으로, 북한 땅이었던 동해안의 고성은 남한으로. 그래도 크게 보면 38도선 부근에 다시 휴전선이 그어진 게 맞단다.

전쟁으로 얻은 건 뭐 없나요?

글쎄다. 얻은 게 있을까? 수백만 명이 죽거나 다치고, 공장과 건물이 파괴되고, 1천만 명의 이산가족이 생기고, 남과 북은 원수가 됐지. 덕본 사람이 있다면 일본 정도라고 할까?

남한과 북한이 전쟁을 하는데 왜 일본이 덕을 봐요?

전쟁을 하려면 물자가 많이 필요한데, 일본은 기회를 놓치지 않고 전쟁 물자를 많이 팔아먹었어. 미국에 패해 경제가 어려웠던 일본은 한국 전쟁 덕에 경제가 살아났다고 할 정도야.

우리를 식민지 만들어서 못살게 굴더니 우리나라 전쟁할 때 돈 벌고, **아, 진짜 일본 미워요.**

우리도 1970년대에 벌어진 베트남 전쟁에 군대 파견하고 전쟁물자 수출해서 돈 많이 번 일이 있어. 전쟁은 그런 거야. 비정한 게임 같다고나 할까? 전쟁 이야기는 이쯤하고 다음 시간엔 전쟁 이후의 역사에 대해 얘기하기로 하자. 오늘은 아빠가 원고와의 전쟁을 치러야 하니까.

18. 민주주의는 무얼 먹고 자랄까?

피를 먹고 자라는 나무가 어떤 나무인지 아니?

나무가 무슨 흡혈귀도 아니고, 어떻게 피를 먹고 자라요?

민주주의라는 나무는 피를 먹고 자란다고 해.

민주주의가 정말 피를 먹고 자라요?

민주주의를 이루려면 피와 희생이 따른다는 얘기야. 이 땅에 민주주의가 시작된 이래 진정한 민주주의를 실현하기 위해 수많은 국민이 피를 흘렸어. 오늘날 우리가 누리는 자유와 민주주의는 그분들의 희생 덕분이라고 할 수 있지. 오늘은 그 이야기를 해볼 거야. 이승만에서 박정희를 거쳐 전두환까지 이어지는 독재자 삼총사와 독재를 무너뜨리기 위해 피 흘렸던 사람들의 이야기.

그분들 다 대통령이었잖아요. 특히 박정희 대통령은 우리나라를 잘 살게 하신 위대한 분이라던데. 대통령을 독재자라고 욕해도 되는 거예요?

이승만
박정희
전두환

4·19 혁명은 왜 일어났어요?

욕해도 되는지 안 되는지는 아빠랑 얘기 끝나고 판단하렴. 자, 그럼 이승만 이야기부터 해 볼까? 이승만이 누군지 아니?

건국의 아버지!

그렇지. 그런데 이승만은 대통령이 된 뒤 권력을 자기 마음대로 휘둘렀어. 그러다가 4·19 혁명으로 대통령에서 쫓겨났는데, 그 이야기를 하기 전에 이승만에 대해서 핵심 정리하고 넘어갈게. 이걸 알아야 이승만에 대해서 잘 이해할 수 있어.

그게 뭔데요?

네 가지야. 첫째, 자기가 왕조 시대의 왕이라고 생각했다는 것. 그래서 헌법을 억지로 고쳐 가며 평생 대통령을 하려다 비참하게 쫓겨나고 말았지. 둘째, 공산주의를 일본보다 더 싫어했다는 것. 셋째, 친일파 청산에 실패했다는 것. 이승만은 친일파를 정부 고위 관리와 경찰에 그대로 활용했단다. 넷째, 반대파를 결코 용납하지 않았다는 것. 한 예로 조봉암이라는 정치가가 이승만과 대통령 선거에서 맞붙었는데 생각보다 표를 많이 얻자 이승만은 그가 장차 위협이 되겠다 싶어서 공산주의라는 누명을 씌워 사형시켰단다.

정치가들은 나라와 국민들을 위해 좋은 일만 하는 사람인줄 알았는데…….

자기 나름대로 국가와 국민을 위해 일을 한다고 생각했을 거야. 그것이 국민을 괴롭게 한 게 문제지만. 이승만은 철저하게 독재를 일삼다가 1960년 3월에 있은 대통령, 부통령 선거에서 상상하지 못할 부정을 저질러 국민들에 의해 쫓겨났어. 1960년 4월 19일 전 국민이 들고 일어나 이승만 독재를 무너뜨린 게 4·19 혁명이란다.

그래서 이승만은 어떻게 됐는데요?

대통령 자리에서 쫓겨나 하와이로 망명했지.

민주주의와 경제발전, 어느 게 더 중요해요?

군사 쿠데타를 일으켜 4·19혁명으로 막 피어나기 시작한 민주주의의 꽃을 짓밟아 버린 인물. 반면에 가난한 대한민국을 잘 살게 한 근대화의 아버지.

 좋다는 거예요, 나쁘다는 거예요?

좋다, 나쁘다 문제가 아니고, 긍정적인 면과 부정적인 면이 동전의 양면처럼 붙어 있는 인물이란 얘기지.

잘한 것도 있지만 못한 것도 있다, 이런 말인가요?

말하자면 그렇지. 오늘날 박정희는 독재자와 근대화의 아버지라는 극과 극의 평가를 받고 있단다. 그가 독재 정치를 한 것을 못마땅해하는 사람 중에도 박정희가 경제를 부흥시켜 한강의 기적을 이룬 걸 높이 평가하는 사람이 많아. 무슨 말이냐 하면, 18년 장기 집권을 하는 동안 독재에 반대하는 사람을 탄압하고, 자기와 대통령 자리를 놓고 경쟁을 하는 사람을 납치해서 죽이려고 하고, 민주주의를 질식시키게 한 건 맞지만, 그래도 우리나라가 이만큼 경제 발전을 할 수 있었던 건 박정희 덕분이라는 거지. 독재 정치를 한 것도 경제를 발전시키기 위해 어쩔 수 없이 그런 거다, 이런 거.

독재가 뭔지 모르겠지만 경제를 발전시켰다면 훌륭한 거 아닌가요?

그렇게 생각할 수도 있는데, 역사 학자들 중엔 박정희가 경제를 발전시키기 위해서 독재를 할 수밖에 없었던 게 아니라, 독재 권력을 유지하려고 산업화를 추구하다가 결과적으로 경제 발전을 이루게 되었다고 평가하는 학자들도 있어. 어떤 평가가 맞는 거 같니?

저야 모르죠. 너무 어려운 얘기라……

그럴 수도 있지. 중요한 건 박정희는 이승만처럼 대통령을 죽을 때까지 하려다 부하의 총에 맞아 죽었다는 사실. 욕심이 과했던 거지.

광주항쟁을 왜 광주 학살이라고 하는 거예요?

오늘은 주제도 무겁고 너무 숨차게 달리는 거 같은데요. 좀 쉬었다가 하면 안 돼요?

무슨 소리야, 이제 슬슬 아빠가 활약하던 시대 이야기를 하려고 하는데.

아빠가 활약하던 시대라고요? 그럼 아빠도 민주주의를 위해서 피 흘려 싸우셨단 말이에요?

아니 뭐, 피까지 흘리지는 않았지만 남들이 피 흘리는 건 많이 봤지. 박정희가 죽자 민주주의가 올 거라고 기대했던 사람들은 무척 실망했어. 그래서 신군부, 즉 전두환과 그 일당을 반대하는 시위

를 벌였어. 그러자 전두환은 전국에 비상 계엄령을 내려 시위를 하지 못하게 했지. 그리고는 김대중 등 민주화 운동을 벌이던 사람들을 체포했어. 국가를 뒤집어엎으려고 모의했다는 혐의로 붙잡아 간 거지.

 계엄령이 뭐예요?

나라가 위태로운 상황이라고 판단해 집회나 시위를 금지시키고 군인이 정치를 하는 걸 말해. 계엄령을 내리니까 전국이 고요해졌어. 군인들이 총칼을 차고 광화문에 탱크 몰고 나타나 위협했으니까. 그런데 전국에서 단 한 곳, 전라남도 광주는 예외였어. 광주의 학생들은 계엄령을 뚫고 전두환은 물러가라며 시위를 벌였어.

저, 그거 알아요. 지난번 광주 갔을 때 아빠가 얘기해 주셨잖아요.

맞아. 광주항쟁에 대해서 잠깐 얘기했던 기억이 난다. 계엄군은 1980년 5월 18일 민주주의를 요구하는 광주의 학생과 시민들을 총칼로 학살하기 시작했어.

사람들이 많이 죽었나요?

아직까지 정확히 몇 명이 죽었는지 몰라. 중요한 건 목격자들에 의하면 계엄군이 곤봉으로 무고한 시민들의 머리통을 깨고, 칼로 찌르고, 총을 쏘았지. 그러다가 전남도청에서 최후의 항전을 벌이던 시민군을 무력으로 진압했단다.

민주주의는 발전하기만 하나요?

 민주주의도 식후경이라는데 뭣 좀 먹고 하죠.

지금 민주주의에 대해 얘기하는데 밥 얘기가 나오니? 전두환은 광주를 피로 물들이며 대통령이 됐어. 시작부터 피를 뿌리고 대통령이 됐으니 국민들의 저항이 만만치 않았지. 그러던 어느 날, 민주화 운동을 하다가 붙잡혀 조사를 받던 대학생이 죽는 사건이 벌어졌어. 처음에 경찰은 조사를 하다가 책상을 '턱' 치니까, '억' 하고 죽었다고 둘러댔는데, 해명치고는 저급 코미디였지.

그때나 지금이나 정치가 개그콘서트보다 웃기네요. 책상을 치는데 사람이 죽었다니.

그러게 말이다. 그런데 나중에 사실이 밝혀졌는데, 이 학생은 물고문을 받다가 죽은 거야. 그러자 학생과 시민들은 분노했고, 군사정권 반대 시위를 벌이기 시작했지. 그러면서 직선제로 개헌을 하라고 강력하게 요구했어.

직선제가 뭔데요?

대통령을 국민들이 직접 뽑는 선거 제도. 전두환은 국민들의 요구를 과도하게 무시한 채 개헌을 하지 않겠다고 선언했어. 그러자 1987년 6월, 온 국민이 떨쳐 일어나 군사 정권 퇴진 운동을 벌였어. 그때 아빠가 고등학교 3학년이었는데, 거대한 역사의 흐름을 외면 할 수 없어서 밤이면 밤마다 집회 현장으로 뛰어다녔단다.

그러다가 대학 시험에 떨어지고 재수하셨다면서요? 할머니가 그러

시던데.

사실은 그게 아니고, 이웃집 여학생한테 홀딱 빠지는 바람에

시험을 망쳤다더라.

흠흠. 누가 그런 유언비어를. 본론으로 돌아가서, 6월 항쟁으로 위기를 맞은 전두환 정권은 대통령 직선제를 실시하겠다고 선언했어. 국민이 승리한 거야.

아, 드디어 민주주의가 완성된 건가요?

아니야. 민주주의는 완성이 없어. 끊임없이 감시하고 노력해야 민주주의를 지킬 수 있는 거란다. 안 그러면 언제 다시 독재자가 나타나 민주주의를 후퇴시키고, 국민의 자유를 억압할지 몰라.

지금 대통령처럼요?

쉿! 큰일 날 소리! 에디터 선생! 앞에 있는 재강이 대사 편집 좀 해 주세요.

에이, 비겁하시기는. 아빠가 그러셨잖아요. 지금 대통령이 취임하고 나서부터 부자들을 위한 정책을 펴시고, 검찰을 장악해서 반대파들을 구속하시고, 언론의 자유를 억압하시고, 또 뭐라 그러셨더라, 미국한테만 잘 보이시려고 한다고요?

……. 내가 언제 그런 말을 했어. 신문에 그렇게 나왔다는 거지. 아빠랑 NIE 논술 공부하면서 한 얘기잖니. 어디 가서 그런 말 하면 큰일 나!

민주주의에 대해 이야기하면서 언론의 자유를 억압하면 어떻게 해요!

이대로 나가면 이 책 출간 못 할 수도 있다고. 당신은 잘 알지도 못하면서.

출간 못하면 못하는 거죠. 역사책 작가라는 양반이 그렇게 소

신이 없어서…….

♪울릉도 동남쪽 뱃길 따라 이백리 외로운 섬 하나 새들의 고향~♬

우리나라 국민은 민주주의를 이루기 위해 끊임없이 노력해
왔다. 이승만 대통령의 독재(재) 정치를 펼치자 4.19 혁명을 막고
박정희 정권때도 죽음을 무릅쓰고 민주화 운동을 벌였다.
그러다가 1987년 6월 항쟁때 대대적인 민주화
운동을 벌였단다. 그래서 독재(재) 정권에서 항복을 받아 냈단다.
그래서 민주화 운동이 종결된줄 알았는데 민주주의는
완성이 없어서 오늘날에도 많은 사람들이 끊임없이
민주주의를 위해 노력하고 있다고 한다.

※ 그렇단다. 민주주의는 시민들이 감시하고 참여하지 않으면
  언제든 독립할 수 있단다. 그리고 독재는 독재란다. 통제가 아니고.

19. 전태일은 왜 분신했을까?

이렇게 현장에 나와서 토크를 하니까 기분이 좋은데요.

아빠도 그래. 청계천 산책도 하고, 맛난 것도 사 먹으면서 너랑 다니니까 참 좋다. 그런데 오늘 이야기 생각하면 마음이 아파.

저도 영화 보고 슬펐어요.
〈아름다운 청년 전태일〉이 아니라 슬픈 청년 전태일 같아요.
여기가 영화에서 봤던 그 장소예요?

그렇단다. 지금으로부터 42년 전, 전태일이 자기 몸에 불을 붙인 채 근로 기준법을 준수하라고 외치며 죽어간 곳이란다.
그날의 함성이 들리는 것 같지 않니?

평화시장
근로 기준법 준수!
우리는 기계가 아니다!

근로 기준법을 준수하라!

1970년 11월 13일 오후, 그날은 잿빛 하늘에 왠지 을씨년스러운 날씨였어.
우리는 기계가 아니다
근로 기준법을 준수하라!

순식간에 밀어닥친 경찰에 쫓겨 노동자들은 다 흩어지고 있었어.

바로 이때, 불덩이 하나가 국민은행 앞으로 불쑥 튀어나왔어.
근로 기준법을 준수하라! 우리는 기계가 아니다!

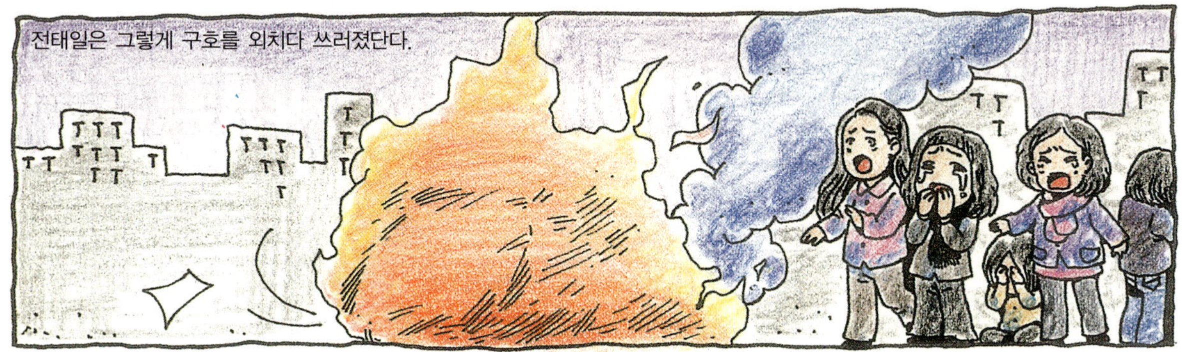

전태일은 그렇게 구호를 외치다 쓰러졌단다.

내 죽음을 헛되이 하지 말라!

다시 봐도 끔찍해요. 정말, 왜 자기 몸을 불태우기까지 해야 했는지 모르겠어요.

그러지 않고는 자기 목소리를 전할 수 없다고 생각해서였겠지. 전태일은 평화시장 봉제공장에서 일하는 어린 여공들을 보며 생각했어. 왜 어린 여공들은 잠을 쫓는 약을 먹어 가며 하루 열다섯 시간 이상을 허리도 펴기 힘든 다락방 같은 공장에서 일해야 하는가, 왜 그들은 공기도 통하지 않는 먼지 구덩이에서 그리 오랫동안 일해야 하는가, 법에 나온 대로 하루 여덟 시간만 일하면 안 되나…….

그렇게 하면 되잖아요.

그게 안 됐어. 헌법에 나와 있는 대로 일하게 해 달라고 요구해도 들어주지 않고, 그 문제로 항의하면 짤리고. 1970년대 여성 노동자들은 열악한 환경 속에서 적은 월급을 받고 장시간 노동에 시달렸던 거야.

제가 사장님이라면 월급을 많이 줬을 텐데.

그러면 얼마나 좋겠니. 하지만 당시 노동 환경은 그렇지 않았어. 그래서 전태일은 동료들과 함께 '바보회'라는 단체를 만들어 근로 기준법을 공부하며 노동자들이 어떻게 하면 인간적인 대우를 받으며 일할 수 있는지 고민했단다.

그러니까요. 연구하고 요구해서 고치면 되는데 분신까지 하다니.

그게 안 됐다니까. 애기들이 울면 엄마가 젖을 주잖아. 그런데 평화 시장에 있는 많은 봉제 공장에서는 여공들이 아무리 노동 조건을 개선시켜 달라고 울며 부르짖어도 안 들어줬어. 답답했겠지. 그래서 전태일은 뭔가 특단의 조치를 취해야겠다고 결심했어. 자기 몸 하나 희생하더라도 저 어린 여공을 살려야겠다! 이런 생각을 한 거야.

그런데 왜 그걸 전태일이 나서서……

전태일은 같이 일하는 여성 노동자들의 딱한 사정을 외면할 수 없었나봐. 어린 여공들 풀빵 사 주고 자기는 세 시간 걸리는 집까지 걸어가고 그랬대. 네가 알고 있는 휴머니스트 같은 거지.

전태일 이후에 뭐가 달라졌나요?

그래서요. 전태일이 분신을 한 뒤에 뭐가 달라졌나요?

전태일 죽음 이후 어떤 변화가 서서히 나타나기 시작했어. 먼저, 충격을 받은 노동자들이 자각을 했어. 그래서 여러 공장에서 노동조합을 만들기 시작했단다.

노동조합이 뭔데요?

노동자들의 권리를 대변해 줄 수 있는 단체야. 혼자 이야기하면 안 되지만 노동조합에서 함께 요구하면 큰 힘을 발휘할 수 있지.

지금은 어때요? 노동자들 살림살이가 좀 나아졌나요??

전태일이 분신했던 40년 전에 비하면 많이 좋아졌어. 살림살이뿐만 아니라 노동 환경도 많이 나아졌어. 자유롭게 노동조합을 만들어 자신의 권리를 주장할 수 있게 됐고, 돈을 많이 버는 노동자들도 생겨났지. 하지만 그렇지 않은 부분도 있어. 조금 어려운 얘기다만 요즘 노동자들 중에는 비정규직이라는 이유로 언제 회사에서 해고

당할지 모르는 불안 속에 살고 있는 노동자가 많아. 이런 문제는 공장에서 일하는 노동자들만의 문제가 아니야. 넥타이 매고 회사 다니는 직장인들에게도 해당하는 얘기야. 이런 걸 보면 전태일 이후 노동자들이 정말 살기 좋아진 건지 의문이 드는구나.

그럼 아빠는 뭐예요? 회사도 안 다니시잖아요.

잘 나가던 회사에서 스스로 자신을 해고하고 가난한 작가의 길을
택한 자유인이지.

자유인은 무슨. 당신 직장 그만 두고 나서 얼마나 힘든 줄 알
아요?

당신 대화 막판이라고 자주 나오네. 조금만 더 참고 기다려 봐
요. 대기만성 작가도 있는 거니까.

어서 마감이나 하세요. 맨날 대기만 하지 마시고.

아, 네. 그나저나 요즘 독도는 누가 지키나?

20. 통일을 향해 달려요!

♪우리의 소원은……

통~닭.

신성한 통일을 노래하는데, 통닭이라니. 너 진짜,
3일 얼린 가래떡으로 비오는 날 먼지 나도록 맞아 볼래?

이 작가님, 3일 얼린 가래떡으로 맞다니요.
아무리 농담이라지만 언어 폭력 수위가 높네요.

고마워요, 누나.

네가 통닭 이야기하는 바람에 본론을 까먹었잖아.
어디까지 얘기했더라, 그렇지, 오늘은 우리 민족의
최대 과제인 통일에 대해서 이야기하면서 아빠와
아들의 역사 대화, 대단원의 막을 내려야겠다.

우리의 소원은
통
일
닭

통일을 꼭 해야 해요?

저는 솔직히 통일을 왜 해야 하는 건지 모르겠어요. 어떻게 해야 하는지도 모르겠고요. 제 친구들도 별 관심도 없어요.

그럴 수도 있지. 그래서 아빠랑 이야기해 보자는 거야. 통일은 꼭 필요한지, 통일을 하면 뭐가 좋은지, 어떻게 하면 통일을 이룰 수 있는지.

좋아요. 그럼 저도 작심하고 여쭤볼게요. 왜 통일이 필요한 거예요?

통일이 필요하니까.

그런 대답은 저도 하겠어요.

농담 같지만 사실이야. 왜냐, 통일을 해야 하는 수십 가지 이유가 있지만 몇 가지만 얘기할게. 먼저, 너 좋아하는 휴머니즘 차원에서 한번 보자. 아빠가 제주도에 있을 때 너랑 1년 동안 떨어져 산 적이 있지? 그때 아빠는 네가 보고 싶어서 매일 밤마다 울곤 했단다. 흑흑.

저도 얼마나 아빠가 보고 싶었는지 몰라요. 그래서 아빠 보러 가려고 비행기 값 모았었어요.

거봐. 1년 떨어져 살면서도 그 정도인데, 6·25 전쟁 이후 60년 이상 부모와 자식, 형제자매, 그리고 사랑하는 사람이 떨어져 살았다고 생각해봐. 지구촌 반대편인 아르헨티나도 1박 2일이면 가는데, 서울에서 택시 타면 두 시간 거리를 가지 못하고 60년을 살아

왔으니, 이산가족들은 얼마나 슬프고 애가 타겠니. 그런 아픔을 해결하기 위해서라도 통일은 꼭 필요해. 그리고 우리 민족은 일제 강점기 때까지도 하나였어. 전쟁으로 분단이 굳어졌지만 원래 하나의 민족, 하나의 나라였다고. 그러니 당연히 하나가 돼야지.

그건 그런데요, 통일을 하려면 비용이 엄청 많이 든다고 하던데요.

그걸 전문 용어로 통일 비용이라고 하지. 통일이 되면 남과 북의 경제 격차를 줄이기 위해 돈이 많이 들어간다는 얘기야. 실제로 서독과 동독이 통일할 때 비용이 많이 들었다고 해. 그런데 많은 경제 학자들은 분단 때문에 들어가는 비용이 통일 비용보다 더 들어간다고 얘기해. 그러니까 통일해도 된다는 거야.

분단 비용이 뭔데요?

분단을 유지하는 데 들어가는 비용. 예를 들면, 남과 북이 대치하고 있다 보니 군대를 유지하고 무기를 구입하는 데 쏟아붓는 비용이 무척 많이 들어. 만약 통일이 되면 국방비를 줄일 수 있고, 재강이너도 10년 후에 군대를 의무적으로 가지 않아도 되거나, 가더라도 지금보다 훨씬 짧게 갈 수 있게 되겠지.

와우! 좋아요. 그런 거라면 대 환영이에요. 그러면 저 군대 안 가는 거 말고 통일하면 뭐가 좋은데요?

일단 나라가 커지고 인구가 늘어나겠지. 남한과 북한이 합치는 거니까. 그럼 국력도 커질 테고. 남한에 있는 돈과 기술을 북한 지역에 투자하면 멀리 중국이나 동남아시아로 가서 공장을 차리는 거보다 유리하겠지. 그리고 우리는 북한에 묻혀 있는 수천 억 톤의 지하자원을 활용할 수 있겠지. 북한에 있는 노동자들도 활용할 수 있고. 남한에 없는 건 북한에서 얻고, 북한에 없는 건 남한에서 주고, 이렇게 교류하고 협력하면 지금보다 더 잘사는 나라가 되지 않을까? 그런데 지금은 북한의 막대한 지하자원을 중국에서 많이 수입해 간다고 해. 남과 북이 싸우는 동안 중국이 이득을 보고 있는 거지.

아니! 중국 좋은 일 시키면 안 되죠. 어서 빨리 통일해야겠네요.

좀 더 들어 봐. 지금 한반도는 세계에서 유일한 분단 국가야. 외국에서 볼 때 한반도는 언제 또 전쟁이 터질지 모르는 불안한 국가일 수도 있어. 그런데 통일이 되면 이런 불안이 없어져서 외국인들도 더 안심하고 우리나라에 투자하지 않을까?

경제적인 문제는 제가 잘 모르겠고요. 제가 좀 더 피부로 느낄 수 있는 이득 같은 건 없어요?

있지. 아빠는 통일이 되면 재강이랑 같이 서울역에서 기차를 타고 평양을 거쳐, 블라디보스토크로, 다시 시베리아로, 시베리아 벌판을 거쳐 독일의 베를린, 프랑스의 파리까지 여행하는 꿈이 있어. 통일이 되면 이런 여행도 가능할 거야.

파리야 지금이라도 비행기 타고 가면 되잖아요. 괜히 유럽 여행 안 가시려고 핑계 대시는 거 아니에요?

핑계가 아니고, 우리는 60년 넘게 섬도 아닌데 섬처럼 갇혀 있었다는 거야. 휴전선 철조망만 없애면 간단히 해결되는 문제인데 말이야.

그렇게 간단하면 60년 넘게 그걸 해결 못했겠어요? 그렇게 좋은 통일을 왜 안 하고 있는 거예요?

여러 가지 복잡하고 난해한 이유가 있었어. 평화통일보다는 옛날처

184

럼 전쟁을 해서 통일을 하려는 아주 호전적인 사람들, 통일을 하면 자기에게 유리하지 않기 때문에 방해하는 사람들, 남북한이 통일돼서 우리의 힘이 커지는 걸 두려워하는 주변 나라들, 이런 사람들 때문에 통일이 여태 안 되고 있단다.

통일을 하려면 어떻게 하면 돼요?

그래도 지금까지 통일을 이루려고 많이 노력하지 않았나요?
방식은 달라도 휴전 이후 역대 정권에서 통일을 위해 노력해 왔지. 그런데 이승만 정부 때는 북진통일 외치다 안 됐고, 박정희 정부 때는 북한이 남침한다고 겁주면서 독재 권력을 유지하는데 통일을 이용했어. 그러다가 김대중 정부 때 이른바 햇볕정책을 펴서 대결 대신 남북 화해를 추구했는데, 이명박 정부 들어 도로 대결 구도로 돌아갔어. 물론 이런 게 다 우리 쪽 잘못은 아니고, 핵개발하고 연평도 포격하는 북한에도 책임이 있어. 통일은 아무리 생각해도 쉽지는 않아. 네가 대통령이라면 어떻게 하겠니?
음, 일단 북한 대통령 만나서 우리 통일 합시다, 이런 다음, 오늘부터 절대로, 절대로 서로 총을 쏘지 맙시다, 새끼손가락 걸고 약속하고, 휴전선 철조망을 걷어낸 다음, 자유롭게 남과 북을 왔다 갔다

할 수 있게 할 거예요. **쉽죠?**

진짜 쉽다. 그런데 왜 남북의 정치가들은 그렇게 못하는지 모르겠다.

엄마 아빠도 통일 못해서 맨날 다투시는데, 통일이 그렇게 쉽겠어요?

너는 왜 마지막까지 엄마 아빠를 걸고 넘어져. 엄마 아빠 사이가 얼마나 좋은데. 안 그래요, 여보?

안 그래요.

허걱! 끝까지 한 번 해보자는 거요?

아유, 그만 하세요. 이러다 또 싸우시겠어요. 두 분 화해하시고요. 에, 이것으로 아빠와 함께한 유쾌한 역사 토크를 모두 마치겠습니다. 엄마는 열심히 독도를 지켜 주시고요, 아빠는 좋은 책 많이 써 주세요. 지금까지 역사 토크를 시청해 주신 시청자 여러분 고맙습니다. 끝!

<table>
<tr><td>

</td><td>

</td><td>

</td></tr>
</table>

구석기

뗀석기를 최초로 사용
주술적인 행위의 시작
채집과 수렵 생활

신석기

간석기를 사용
빗살무늬 토기 사용

BC.2333년
고조선 건국

BC.57년
신라 건국

BC.37년
고구려 건국

BC.18년
백제 건국

42년
금관 가야 건국

346년
백제,
근초고왕 즉위

384년
고구려,
광개토대왕 즉위

527년
신라,
이차돈 순교

540년
신라,
진흥왕 즉위

552년
신라,
대가야 병합

~900년	~1000년	~1300년

612년
고구려,
살수 대첩으로 수나라 물리침

645년
고구려,
안시성에서 당군 물리침

648년
나·당 군사 동맹 성립

660년
백제 멸망

668년
고구려 멸망

676년
신라, 삼국 통일 완료

698년
발해 건국

828년
장보고, 청해진 설치

900년
견훤, 후백제 건국

901년
궁예, 후고구려 건국

918년
왕건, 고려 건국

926년
후백제 멸망

935년
통일신라 멸망

936년
고려, 후삼국 통일

993년
거란 1차 침입,
서희의 담판

1019년
귀주 대첩

1179년
무신 정변

1236~1251년
팔만대장경 조판

1279년
삼별초 대몽 항쟁

~1500년
~1600년
~1800년

1392년
조선 건국

1434년
물시계, 해시계 설치

1446년
훈민정음 반포

1453년
계유정난

1504년
갑자사화

1506년
중종반정

1510년
삼포 왜란

1519년
기묘사화

주초위왕

1592년
임진왜란. 한산도 대첩

1593년
행주 대첩

1598년
노량 해전

1623년
인조반정

1636년
병자호란

1637년
삼전도의 치욕

1654년
나선 정벌

1725년
탕평책 실시

당쟁

탕평책

~1900년	~1970년	~현재

~1900년

1811년
홍경래의 난

1866년
병인양요

1871년
신미양요

1876년
강화도 조약

1884년
갑신정변

1894년
동학 농민 운동

1897년
대한 제국 수립

~1970년

1905년
을사조약

1909년
안중근 의거

1919년
3·1 운동

1920년
청산리·봉오동 전투

1932년
이봉창, 윤봉길 의거

1945년
8·15 해방

1948년
대한민국 정부 수립

1950년
한국 전쟁

1960년
4·19 혁명

1961년
5·16 군사 쿠데타

~현재

1979년
10·26 사태

1980년
5·18 광주 민주화 운동

1986년
서울 아시안 게임

1987년
6월 민주 항쟁

1988년
서울 올림픽

2000년
6·15 남북 공동 선언

2002년
한·일 월드컵

2007년
2007 남북 정상 회담

2008년
대한민국 최초의
우주인 탄생

재강이의 좌충우돌 한국사 달통기 2

이광희 · 이재강 글 | 정현희 그림

초판 인쇄 2012년 6월 4일 | **3쇄** 2014년 4월 30일
펴낸이 조정희 | **편집진행** 이명희 | **디자인** 지윤 | **마케팅** 양정수
펴낸곳 도서출판 노란상상 | **등록** 2010년 1월 8일 제 2010-000027호
주소 서울특별시 용산구 남영동 88-8 남영빌딩 303호 | **전화** 02-797-5713 | **팩스** 02-797-5714
전자우편 yyjune3@hanmail.net | **노란상상 블로그** blog.naver.com/yyjune3

ⓒ이광희 · 이재강, 2012

ISBN 978-89-97367-04-7 64900
　　　978-89-97367-02-3 (전2권)

• 이 책의 국립중앙도서관 출판시도서목록(cip)은 e_CIP 홈페이지(http://www.nl.go.kr/ecip)에서
　이용하실 수 있습니다.(CIP제어번호:CIP 2012002516)
• 책값은 뒤표지에 있습니다.